本丛书得到何东先生独资赞助

This series of books is financially supported exclusively
by Mr. Eric Hotung.

20世纪中国文物考古发现与研究丛书

环境考古

周昆叔／著

文物出版社

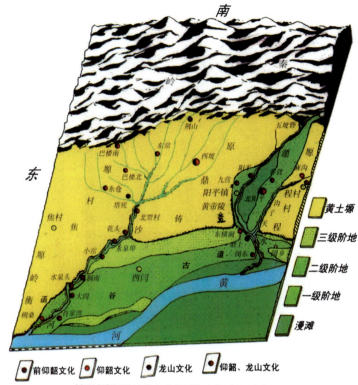

南

东

● 前仰韶文化　● 仰韶文化　◆ 龙山文化　◆ 仰韶、龙山文化

一　铸鼎原附近地貌与新石器时代遗址示意图

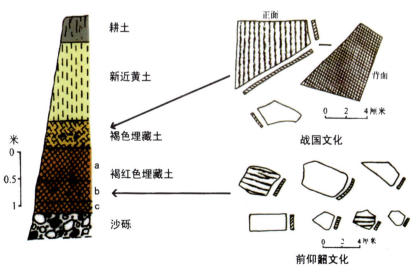

耕土

新近黄土

褐色埋藏土

褐红色埋藏土

沙砾

正面

背面

0　2　4厘米

战国文化

米

0

0.5

1

a

b

c

0　2　4厘米

前仰韶文化

二　荆山村遗址剖面图

耕土
新近黄土
褐色埋藏土
褐红色埋藏土

周原黄土

战国秦墓
西周晚期灰坑

马兰黄土

三　岐山周原遗址黄土层

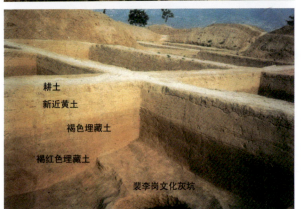

耕土

新近黄土

褐色埋藏土

褐红色埋藏土

裴李岗文化灰坑

四　新安盐东遗址黄土层

人工扰动土
新近黄土
褐色埋藏土
褐红色埋藏土

周原黄土

马兰黄土

五　洛阳皂角树遗址黄土层

洛阳盆地环境考古图

0 5 10公里

图例

山地　丘陵　三级阶地　二级阶地　一级阶地　漫滩　古河道　石窟

遗址　故城　古建筑　古墓

地名标注：

黄　河　洛　河　伊　河　瀍　河　涧　河　马　涧　河　古洛河

孟津县　偃师县　巩县　

金水河　瘢羊岭　新坡也　史家湾　墚村　后李　漫沟　平乐　白马寺　钢常村　金仲寺　倪家村　夏庄　武庄　李村　袁沟　诸葛　隋唐洛阳城　易墓　

孟津老城　汉帝墓群　杨村　首阳山　邙山岭　南蔡庄　辛店西乡南遮黄洛阳故城　二里头遗址　半个寨　崔沟　高崖　石家窑　栅山　官家窑　花龙　

精柴庄　芒山　王陵墓　邙郑镇　寺沟　尺弘墓　鲁村　高庄　五岔沟　徐村　汉魏洛阳故城　郜谷堆　死狗　大口集　酒流沟　沙沟　居易墓　

龙门石窟　龙门山　皂角树遗址　关林　晋唐古沟壤　谭村　

嵩　山　北　南

0 2 4公里

米 0 40

离石黄土　马兰黄土　砂　沙砾　古土壤　黏砂　表土层　灰岩　顶层埋藏土

六　洛阳盆地环境考古图

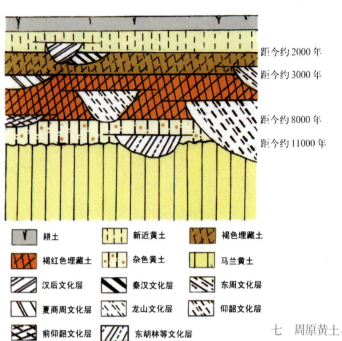

距今约 2000 年

距今约 3000 年

距今约 8000 年
距今约 11000 年

	耕土		新近黄土		褐色埋藏土
	褐红色埋藏土		杂色黄土		马兰黄土
	汉后文化层		秦汉文化层		东周文化层
	夏商周文化层		龙山文化层		仰韶文化层
	前仰韶文化层		东胡林等文化层		

七　周原黄土与文化层关系示意图

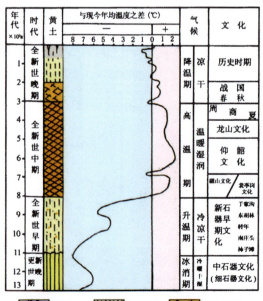

八　黄土高源东南边缘第四纪晚
　　期地层、气候、文化关系图

20 世纪中国文物考古发现与研究丛书

序 / 张文彬

　　俗称"锄头考古学"的田野考古学的诞生以及中国考古学学科体系的基本完善，由此而引起的古物鉴玩观赏著录向科学的文物学的转变，是 20 世纪中国学术与文化界的大事。它从材料与方法两个方面彻底刷新了持续了数千年之久的中国古代史学传统，不但为中国学术界和文化界开拓出更加广阔的研究天地，也为一切关心中华民族悠久历史和灿烂文明的人们不断地提供了可贵的精神滋养和力量源泉。

　　仰古、述古、探古，进而考古，向来为我国传统文化中一个明显的学术特点。先秦时期诸子百家发其端，汉代司马迁撰写《史记》，北魏郦道元作注《水经》。他们对相关的遗迹遗物，尽可能地做到亲自考察和调查，既能辨史又可补史。这种寻根追源的治学态度，为后世学术上的探古、考古树立了榜样。此后，山河间的访古和书斋式的究古相继开展，特别是对古器物的研究，成了唐、宋时期的文化时尚。不少学者热衷于青铜铭文、碑刻、陶文、印章等古文字的考释，进而有了对器物的辨伪鉴定、时代判断、分类命名等，逐渐兴起了一门新的学问——金石学，涌现出许多著名的古器物鉴赏家和收藏家。只是囿于当时的历史条件，金石学家们无法了解所见文物的出土地点和情况，也难以涉及史前时代漫长的演进历程，因而长期以来始终脱离不了考证文字和证经补史的窠臼。即使如此，他们的艰辛努力和取得的成绩，还是为推动我国传统文化的发展起到了积极作用，并且在事实上也为中国考古学和中国文物学的起步铺设了最早的一段道路。

20世纪初，近代考古学由西方传入。中国学者继承金石学的研究成果，学习并运用西方考古学方法，开始从事田野考古，通过历史物质文化遗存，探寻和认识古代社会，揭示人类社会发展规律。早在1926年，中国学者就自行主持山西南部汾河流域的调查和夏县西阴村史前遗址的发掘。随后，我国学者同美国研究机构合作，有计划地发掘周口店遗址，发现了北京猿人。从1928年起至1937年，连续十五次发掘安阳殷墟遗址，取得了较大收获，引起了国内外学术界的重视。自20世纪50年代以后，随着国家大规模经济建设的进行，田野考古勘探、调查和科学发掘工作在全国范围内蓬勃有序地开展，许多重要的典型遗址和墓地被揭露出来，重大发现举世瞩目。它们脉络清晰，层位分明，文化相连，不仅弥补了某些地域上的空白，而且衔接了年代上的缺环，为研究中国古代史、文化史、科学史以及其他学科领域，提供了珍贵、丰富的实物资料，极大地影响着人文社会科学诸多学科专业的研究与发展。这段时间被学术界称为中国考古学的黄金时代。在马列主义理论指导下，具有中国特色的考古学理论体系和方法论逐渐形成。有关研究成果不仅极大地改变和丰富了人们对中国文明起源、中国古史发展等重大问题的认识，同时也扩展了中国文物的研究领域和研究方式。可以说，考古学的发展与进步，直接影响到文物学的形成与发展，而且影响到全社会对文化遗产重要作用的认识以及世界学术界对中国古代文明的重新认识。

从20世纪80年代开始，文物界就中国文物学的创立，逐渐取得共识，在共同探讨的基础上，初步形成了学科体系。不少学者发表了有关论文，出版了专著，就文物的历史价值、科学价值、艺术价值以及在社会主义的物质文明与精神文明建设中如何对文物进行有效保护、合理利用发表意见。这些研究成果已获得学术界的赞同。

在这世纪之交和千年更替之际，对中国考古学和中国文物事业作一次世纪性的回顾和反思，给予科学的总结，是许多学者正在思考和研究的问题。如果能通过梳理20世纪以来重大发现和研究成果，透视学科自身成长的历程，从而展望未来发展的方向，以激励后来者继续攀登科学高峰，无疑是一件很有意义的事。为此，经过酝酿、商讨和广泛征求意见，我们约请一批学者（其中有相当多的中青年学者）就自己的专长选择一个专题，独立成篇，由文物出版社编辑出版一套《20世纪中国文物考古发现与研究丛书》，并以此作为向新世纪的献礼。

从某种意义上说，《20世纪中国文物考古发现与研究丛书》是一套学科发展史和学术研究史丛书。其内容包括对20世纪考古与文物工作概况的综合阐述；对一些重要的考古学文化和古代区域文化研究情况的叙述；对文物考古的专题研究；对重要的文物考古发现、发掘及研究的个例纪实。

此套丛书的内容面广，而且彼此关联。考虑到各选题在某些内容上难免会有重叠或复述，因此在编撰之初，我们要求各选题之间互有侧重，彼此补充，以期为读者了解 20 世纪中国考古学和文物学的发展提供更多的视角。

我国的文物与考古工作，虽在 20 世纪得到了迅速发展，但仍有许多重大学术问题需要进一步探索。我们主持编辑这套丛书，除了强调材料真实，考释有据，写作态度严谨求实外，也不回避以往在工作或研究上曾经产生的纰漏差错和不足之处，以便为今后的工作和研究提供借鉴。虽然我们尽了很大努力，但限于水平，各篇仍很难整齐划一。由于组稿和作者方面的困难和变化，一些计划之中的题目也未能成书。这些不周之处，敬请专家、学者和广大读者批评指正。

在丛书编印过程中，我们得到了文物、考古界的广泛支持。何东先生在出版经费上给予了热情帮助。在此，一并深表感谢。

2000 年 6 月于北京

目　录

插图目录

前言

生物是环境的产物，人类更是受环境影响产生的杰作。人类起源之谜的揭开和发展过程诸多问题的解答，都有赖于环境与人类关系的研究。因此，人与环境关系的研究，对人类学、考古学、生物学、古生物学、地球科学等都是一个饶有兴趣的课题。若企图探求人类形成和人类文化创造的规律，就要结合人类曾经生存的场所来研究人与环境的历史。这就是 20 世纪下半叶形成的环境考古学（Enviromental Archaeology）。

任何事物都有一个发展过程，科学也是如此。从朴素唯物主义的出现，到奠基在科学新成就上的辩证唯物主义的诞生，科学在资料积累与技术革新的推动下飞速发展。20 世纪是现代科学蓬勃发展的时代。中国考古学始于 20 世纪 20 年代对石器、古人类化石的发现与研究。至于专攻环境与人类相互关系的学问环境考古学则迟至 20 世纪 80 年代后期诞生。它促使中国考古学迎来了多学科综合研究的新时代。

中国现代科学的发展走了一条以我为主，但借鉴他人成功之处的道路。中国考古学和环境考古学也如此。

很有意思的是中国考古学的先驱中有些是地质学家，而环境考古学也是这样，可见考古学与地质学关系非常密切。

在研究旧石器时代文化时，似乎旧石器考古学家与地学家的联系一直较多，但新石器考古则未必如此。考古学与地学联姻本来是两门学科相互渗透的优良传统，为什么到了新石器文化研究中关系曾经一度疏远了呢？这是有其必然性的。因为两门学科都有一个成长的过程，对于含新石器时代及其后文化的薄薄的全新世地层，中国地学界到 50 年代后期才展开研究。地学界要花一段时间来认真分析全新世地层。就考古学来说，在考古文化谱系尚不明白的情况下，有许多基础研究亟待进行，也无暇顾及更深层次的人、文化与环境关系问题的钻研。这样考古学与地学只好先分头发展。

只有全面观察才能认识事物的本质。考古学要依靠古代残留的遗物、遗迹去恢复古代社会面貌，需要与其他学科紧密联系。在考古学深入发展的要求下，地学界也积极配合，考古学与地学界合作，不但在新时代恢复了老的传统，而且使环境考古成为考古学的一门分支学科。地学家努力学习考古学，并要求自己成为考古学队伍的一员，而考古学家们也知难而进，努力探究古环境的知识，他们都成为考古学与地学结合的探索者。如果说环境考古之剧在考古学工地上演出，20 世纪 80 年代还刚刚在个别地点启幕的话，到 90 年代接踵而来的演出则频频展开，而且从最初有些生硬，到后来越来越自然，越来越生动。

对任何事物的认识，只有不忘古，方能启今。中国环境考古学虽在 20 世纪 80 年代中期一朝分娩，然而却有差不多一个世纪的怀胎过程。为追溯地学与考古学共同培育出的科学新花——环境考古学的诞生过程，做一世纪回顾是很有必要的。

现将中国环境考古从孕育到产生的历史分为三个时期：

第一个时期是 20 世纪初到中叶的萌发期。这个时期是我国考古学的拓荒期。与环境考古有密切关系的石器文化、古人类化石和甲骨文被发现，地质考古在推展，古环境与古文化关系，环境与人、环境与人类社会的关系受到关注。不过，这个时期环境考古的理念还只是处在孕育阶段。

　　第二个时期是 20 世纪中叶到 80 年代后期的蓄势期。这是地学与考古学蓬勃发展期。地学界，特别是第四纪地质学界在做研究古环境方法与理论的准备；考古学在众多的考古发现中迅速成长，考古学中展开环境与文化关系研究的尝试也在进行着，甚至环境考古的概念已于期末由个别考古学家提出来了，但此时既未形成明确的思想与方法，更未很好付诸实践。这个时期我国环境考古已经蓄势待发。

　　第三个时期是 80 年代后期到世纪末的拓展期。该期正式提出环境考古概念，并付诸实施，逐步展开。其理论与方法渐渐完善，成果涌现，人才成长，影响扩大。地学与考古学合作育成的环境考古被愈来愈多的人接受，中国环境考古的氛围已经形成。

　　本书所记的环境考古史，其材料是以与考古学研究密切联系为前提的。有一些环境考古成果虽发表于 21 世纪初，但主要工作是在 20 世纪做的，本书亦纳入其中。

　　由于环境考古学是一门综合性的新学科，涉及面很广，从事的学者也较多，研究成果又发表在许多不同的书刊中，挂一漏万，在所难免。甚至笔者对一些学者的成果理解上可能有偏差，请读者不吝指正。

　　环境考古学在中国诞生，是经过几代人努力的结果。它是许多人心血的结晶。笔者对每一位为中国环境考古学诞生、成长做过贡献的先生怀着深深的敬意。

　　中国环境考古学是 20 世纪在中国诞生的一朵科学新花。它为五千年的中华文明园地增光添彩，也将会在新世纪里变得更加绚丽。但是，我们面临的是一个古环境与古人类、古文化、古社会关系的重大科学课题。这是科学界力解的难题之一，其难度不可低估。然而，由于我们有自然、社会与文化等

的有利条件，只要我们不懈努力，在探溯人类、人类文化与环
境关系的征途中，一定会将人、文化与环境关系的轨迹画得愈
来愈清晰。

一　环境考古萌发期（一九二一—一九四九年）

（一）中国考古学初页

世纪之初，在西方地质学、考古学等科学已长足发展的时候，中国发生了"五四"新文化运动。在要求革新的氛围下，科学之风吹到了中华大地，一些外国学者被邀请来到了中国。其中有瑞典地质学家、考古学家安特生（Andersson，Johan Gunnar，1874—1960）、法国古生物家德日进（P. Teilhard de Chardin，1881—1955）、加拿大解剖学家步达生（Black，Daridson，1884—1934）和法国考古学家步日耶（Breuil，Henri‐èdouard‐Prosper，1827—1961）等。与这些外国学者一道工作的有我国第四纪地质学、考古学和古生物学家杨钟健、李济、袁复礼、李捷、裴文中和贾兰坡先生等[1]。他们是我国考古学、古人类学的奠基人。

他们足迹所至，1921 年发现了北京市西南约 50 公里处重要的周口店古人类遗址[2]；同年又发现了豫西渑池县城北约 8 公里的仰韶村仰韶文化遗址[3]。1922—1923 年还先后发现了陕西与内蒙交界处的萨拉乌苏旧石器文化遗址；还发现了银川市东南约 40 公里的水洞沟旧石器文化遗址[4]。1926 年发现和发掘了山西省夏县西阴村仰韶文化遗址[5]。1927 年开始发掘周口店古人类遗址。1929 年裴文中先生在周口店龙骨山遗址首次发现北京猿人头骨化石，传为佳话，享誉中外[6]。周口店龙骨山遗址成为世界古人类的胜地。水洞沟遗址记载了中国旧石器文化的首页，成为中西文化交流的源头。仰韶遗址的仰韶文化之花开遍在中华大地上，成为五千年文明的曙光。

30 年代的中国是一个相对稳定期。在 20 年代考古研究工作的基础上，考古学获得新的发展，石器遗址有新发现，单就新石器遗址来说发现达两三百处，山东章丘城子崖龙山文化被发现[7]，河南安阳后岗发现了仰韶、龙山与商文化叠压关系[8]，揭开了中原文化序列的序幕。

40 年代由于外患内忧，战争频繁，考古学研究工作停滞不前。

20 世纪前叶是我国考古学的拓荒期，我国和在我国工作的外国专家们为人类、为中华民族史谱写出考古科学初篇。他们的业绩让我们长智慧、消疑团和增自信。他们为环境考古开辟了道路，提供了前提和契机。

（二）殷墟甲骨卜辞、动物环境信息

自 19 世纪传出安阳地区发现契刻文字的"龙骨"，到后来证实是商代甲骨卜辞，安阳市西北郊洹河两岸 24 平方公里的商代后期都城殷墟渐渐被发现。李济、梁思永先生等于 1928 年开始发掘殷墟，历时十年[9]。清晰可辨的成千上万片甲骨，简直就是一座商史地下图书馆，许多过去商史记载被明白无误的文字证实或否定。先辈用来清晰记事的卜辞甲骨、熠熠生辉的青铜器和玲珑剔透的玉器，似乎把我们带到了三千多年前商王朝盘庚迁殷的时代。殷墟的发现与前述重要石器文化遗址一样，使昔日名不见经传的安阳市小屯村，一下名扬中外，誉满全球。

我国著名甲骨学家、商史学家胡厚宣先生，甚关注商时气候之研究。他据甲骨卜辞之考证，并佐以德日进、杨钟健先生对殷墟动物的研究，认为殷商时气候如江南，其动物种类多，且不少属南方者，森林草原广布，土地沮洳。他论道："殷代约当距今三千一百年至三千七百年之顷（按：据近代研究应为公元前 1300—前 1046 年[10]），其气候不与今日相同可由四方面证之……四曰由殷墟发掘及卜辞观之，殷代终年可以降雨，冬季虽间亦降雪，但不大不纯，或雨雪杂下，或仅于夜间天气较凉之时降之。多有联雨，近于今之江南。其农产栽种之时期，有早至一二月者，其晚稼收获之期有晚至十二、三月者。黍与稻，每年皆可栽植两季，又最多最普遍之农产为稻米。最多最普遍之牲畜为水牛。又多兕象、貘、獐、竹鼠、野猪等南方热带之动物。森林草原广布于黄河流域之地，麋、鹿、兕、象、犬、豕、虎、鮚、隹、雉之类，往来出入于其间。此皆殷代气候远较今日为热之证也。然则殷代气候之热，究至何种程度？曰，由各方面推之，殷代气候，至少当与今日长江流域或更以南者相当也"[11]。胡厚宣先生据卜辞考证殷商气候较今暖湿，非常珍贵，然其暖湿程度，胡先生的推论尚需详证。

1930 年徐中舒先生据殷墟甲骨文"获象"、"束象"和《吕氏春秋·古乐篇》中"商人服象"的传说，指出象"必殷墟产物"[12]。1936 年之后，先后有德日进、杨钟健、刘东生先生发表研究殷墟动物群的论文，记动物二十九种，并指出其成分与今日安阳有明显的不同，认为"此不同之故，恐气候与人工，兼而有之"[13]。

殷墟甲骨文记动物与哺乳动物化石之发现，弥补了我国史初史，为探寻殷商之气候提供了直接根据，为了解三千多年前我国自然、社会及其彼此间关系提供了宝贵的史料。发掘我国古代文献宝藏，是展开我国环境考古之要旨。

（三）中国地质考古的先驱袁复礼先生

袁复礼先生（1893—1987）是我国著名的地质学家，是我国地貌学与第四纪地质学奠基人之一，是地质教育家，然而他也是我国地质考古学的先驱。

1921 年 10 月 27 日至 12 月 1 日，袁复礼先生与农商部顾问安特生到河南省渑池县仰韶村从事新石器时代遗址发掘（图一）[14]。袁先生在发掘中发挥了重要作用。仰韶遗址发掘时，

图一　袁复礼与安特生在仰韶村

（原图安特生，1934 年，转引自周明镇，1993 年）

左一为袁复礼，左二为安特生

安特生只到过几次现场，日常发掘工作由袁先生主持[15]。袁先生还测绘了仰韶村地形[16]，这是中国考古工作中绘制的第一幅地形图[17]。安特生赞赏袁先生的工作，他在专著《Children of the yellow Earth》中写到："在整个发掘期间，北京地质调查所的地质学家袁复礼先生一直帮助我进行工作，他不仅进行遗址的全面测量，还担任同地方人士和当局的交涉，由于为人机智，并善于待人接物，我们的发掘从来未遇到任何阻难。"[18]

1925 年冬至 1926 年深秋，袁先生与李济先生两次到山西省夏县西阴村进行考古发掘工作，这是由国人主持进行的第一次考古发掘工作。袁先生承担繁重的发掘和测量两项工作，采用"三点记载法"和"层叠法"逐层登记。袁先生测绘了"探坑地层剖面图"（图二）和"掘后地形图"（图三），可惜的是他辛苦测绘的西阴村遗址地形图，因制版不佳而未能发表[19]。

西阴村发掘，再次证实了仰韶文化的存在。李济先生著《西阴村史前的遗存》一书是中国学者发表的第一本考古学报告。袁复礼先生参与仰韶村和西阴村考古发掘，开启了中国新石器考古的初页。

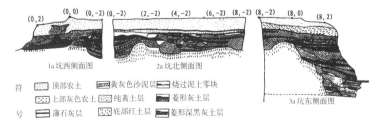

图二　袁复礼测绘的西阴村遗址地层剖面（安志敏，1998 年）

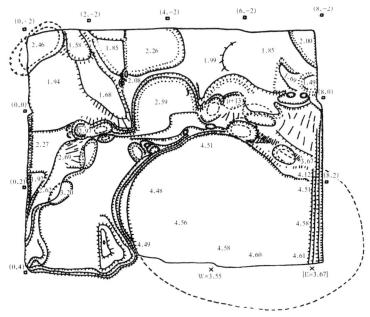

图三 袁复礼测绘的西阴村遗址发掘后地形图（安志敏，1998 年）

1927 年 5 月 12 日至 1932 年 5 月 10 日，袁复礼先生以清华大学教授的身份参加西北考察团，与瑞典著名探险家、地理学家斯文·赫定一行赴西北考察。袁复礼先生手牵骆驼，脚踏戈壁沙漠，不畏艰险，兢兢业业地考察，获得很大的成功。在外方人员考察到新疆返程后，他率队选一条新路线，边走边考察，力图扩大考察成果。袁复礼教授是西北科学考察团中连续考察时间最长（1927 年 5 月至 1932 年 5 月）、工作任务最重（综合考察并任中方代理团长三年）、采集品最多（带回地质标本及考古文物一百多箱）、收获最大的团员之一[20]。

袁复礼先生在西北考察中共发掘到各类爬行动物个体七十二具，经杨钟健先生和戈定邦先生定名，比较完整的新种有[21]：

新疆二齿兽（*Dicynodon sinlkiangensis*），P_2

布氏水龙兽（*Lystrosaurus broomi*），T_1

赫氏水龙兽（*Lystrosaurus hedini*），T_1

魏氏水龙兽（*Lystrosaurus weidenreichi*），T_1

袁氏阔口龙（*Chasmatosaurus yuani*），T

袁氏三台龙（*Santaisurus yuani*），T

奇台天山龙（*Tianshansaurus chitaiensis*），K_1

宁夏结节绘龙（*Pinacosaurus ninghsiaensis*），K

发现如此众多完整的中生代白垩纪、侏罗纪、三叠纪和古生代晚二叠纪的爬行动物化石，是轰动中外的科学发现，对早期兽形类动物分布与演化、古大陆再造、全球构造都有重要意义。由于他的发现，我国成为世界古脊椎动物研究中心。

袁复礼先生在西北考察中还十分注意对细石器、磨光石器、陶片等的采集，途中收获颇丰。据安志敏先生研究，其采集品反映了一些地区经济和环境状况，如内蒙古巴彦淖尔盟，出土大量细石器和石片石器，也有磨制石器和陶片。史前气候较今暖湿，人类生活除采集、狩猎、畜牧之外，也有定居农业。内蒙古阿拉善盟，工艺讲究的细石器占优势，磨制石器和陶片很少或不见，表明采集、狩猎和畜牧是其主要的经济方式。甘肃河西走廊和新疆，发现大量的磨制石器、陶器和青铜器等；细石器较少，表明那里以定居农业经济为主[22]。

袁复礼先生于 1957 年到中国科学院地质研究所沙滩原址我们初创的孢粉分析实验室参观指导。那时他虽已是花甲年华，但步履轻快，面带慈祥笑容，得知笔者在刘东生先生指导下做北京埋藏泥炭的调查后，便询问北京为什么有许多泥炭在山前埋藏。可见先生对泥炭矿的成因、埋藏环境十分关心。这也给我们的研究指出了方向。80 年代初笔者编辑《第四纪通讯》，受命于刘东生先生曾前往北京地质学院袁老家里采访他。袁老已八十多岁高龄，尽管行动有些不便，但精神尚佳，尤思路清晰，记忆力惊人，谈到曾在四川西部调查时，对所经过的村落名称仍如数家珍。

袁老知识渊博，爱国敬业，谦虚自律，提携后进。他开创我国地质考古之殊功，光辉永照，是我们学习的楷模。

（四）中国环境考古的先驱裴文中先生

裴文中先生（1904—1982）是我国著名的考古学家、古生物学家和古人类学家，也是我国环境考古学的先驱。

裴老一生的研究工作总把考古学、古生物学与地质学紧密联系起来，他写的《甘肃史前考古报告》[23]，发现了许多新石器文化遗址，仅在渭河上游就发现三十九处之多。他也对安特生的某些错误提出了纠正意见，为新石器考古做出了积极贡献，更难得的是他把地貌与遗址分布联系起来，使遗址的分布与环境变迁发生了关系。这样对遗址的分布就有了规律性的理解。他说："渭河上游之西岸台地，尚无人详细研究之。此次吾辈亦未能详加测量，吾人所见者，河旁约有台地五种，最低者吾人称之为第一台地（T_1），约高出河面 20—40 米；第二台地（T_2），约高出现河面约 40—60 米；第三地台地（T_3），约高出现河面 70—90 米；第四台地（T_4），则多不甚清晰，约高出现河面在 90—120 米之间；最高之台地（T_5），为普通山岭之顶部，约高出现河面在 150 米以上，且有高至 200—300 米者。渭河上游，T_4 及 T_5 之上，均覆有薄层之黄土，下为含结核较多之红色土及红土，T_3 及 T_2 均覆有较厚之黄土，多为史前人类居住之地，T_1 多为黄土及细砂混合物所覆盖，史前时期之人类及我国古史朝代（汉以前）之人类多寄居于此台地之上。"[24] 尤难能可贵的是，他在该文插入一幅剖面图（图四）和四幅遗址地貌投影图（图五），遗址、地貌一目了然。

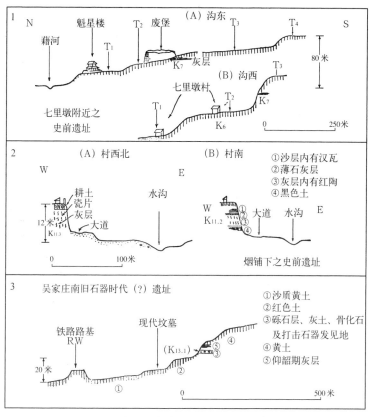

图四　渭河上游几个史前遗址剖面（裴文中，1987 年）

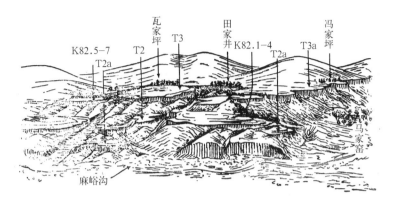

图五 马家窑附近的史前遗址（裴文中，1987 年）

（五）环境与人关系知识启蒙

20 世纪前期，我国学者创办了《禹贡》刊物，刊登了不少环境与人类社会关系方面的文章，该刊物的创办人顾颉刚先生在发刊词中把环境比作人类活动的"舞台"。

1923 年，李仲揆（即李四光）先生，以他那远见卓识、体察入微和科学的批判精神，剖析了中国风水说[25]。他剔其糟粕，取其精华，深入分析了人与环境的关系，并把人与环境的关系作出简单概括（图六）。

李四光先生非常简明地剖析了人与物，即人与自然界，人与人，即人与社会密不可分的关系。人与物的关系属自然环境，人脱离不了物，也是其中的一员。人与人的关系属社会环境。这样只有社会环境与自然环境成为相互协调的两只轮子，并行前进，才能推动世界的进步。因此，我们进行环境考古的研究要遵循李老指出的方向，既要重视人与自然界关系的研究，

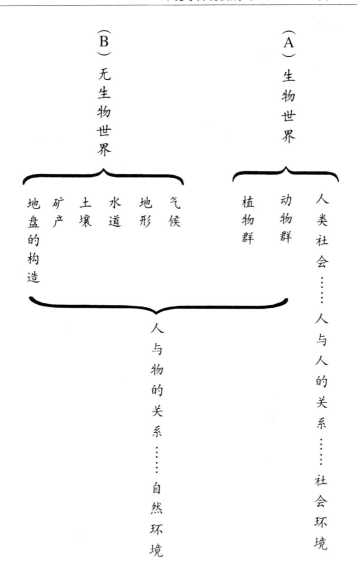

图六　人与自然、社会关系示意图（李仲揆，1923 年）

也要重视人与社会关系的研究，而且要把二者密切结合起来。李四光先生从衣、食、住、行，一直讲到国家政治区域的划分，这些都与环境有关，甚至环境能影响人的性格。他写到："同为中国人种，数千年来受同样的教化，而性格竟相差若是，根本的原因大部分不能（不）归之地文。"他又说："不要说这种大地方，就是极小的一个村落，一条道路的存在，只要仔细的考察，往往能找出地下的原因出来。"李老在文章之末总结说："综括以上种种，我们现在敢下一个断案。那就是地下的种种情形有左右地上居民生活状态的势力。那种势力的作用，常连亘不断。他的影响虽然不能见于朝夕，然而积久则伟大而不可抗。人类既是自然界的一部分，怎样能逃脱这种熏陶作育的势力？这种势力千变万化，运行各异其方。各地居民受其影响者，各具特殊之性。于是甲地的人民长于某种制造，乙地的人民工于某种美术，倘若各地人民逐渐发挥其天赋的本能。彼此和合，彼此补助。小而言之一地或一国的文化，大而言之全世界的文化乃得尽性尽量发展。我们希望政治学者解决种种实际问题的时候，把我们现在所讨论的一层纳入考虑之中。"[26]

侯德封与孙健初先生考察黄河上游，即甘、陕、宁一带后，从地层、沉积、地形之形成，剖析与人生的密切关系，他们论道："黄河上游现存地形，大致可分为三种区域。一、为山地，即孤耸高原中之山岭，多为较古岩石组成。如陇西陇南及贺兰山区是。二、为高原，即红土及黄土所形成之台地，高于黄河谷底数十至百余公尺。由谷底上望，则谷峰连环，俨如山区，既登其绝顶，则极目弭平，一如平野，顷所认为山者实破削之平台耳。此高原区域分布甚广，凡陇东、陇北、西至古浪北接沙漠、尽属之。三、为沟谷地带。在前述高原之中，深剖陡峭，峡谷湍流，将高原切为耸台，所有河流均在此类狭沟之底，河谷之中，间有滩地，可名之曰沟谷地带，宁夏一带其最著者也。"[27]

二位先生还论道："按上述三种地形与经济人生之关系各有不同。如山地区山岭多较古岩层组成，泉多雨足，上多长林，下有丰草，谷坡岭脚，利于灌溉，宜农宜牧，林矿亦佳。盖造林、务农、牲畜、毛织、皮草，煤金石灰陶土等矿业，均须于山地区求之，此陇南陇西之比较富庶而有望也。但此种区域面积占很小部分。高原区域则反是。高原区为黄土红土层组成，质松性干，不宜农田，草植不生，不适牲畜，此其一。台地分剖，割裂不整，台地顶面常高出河床数十至一百余公尺，无法灌溉。勉强设法，亦事倍功半，且台地继续被侵刷，日久破坏，此其二。气候干燥，寒热不均，易生时症，饮料不足，且水多碱苦，不适居住，此其三。唯食盐及石膏矿分布其中，稍可为经济方面挹注。沟谷区域为黄河上的最富地带，冲积层之农田，既甚肥沃，又有河水可资灌溉，农产牲畜，均较发达。甘肃东部、中部、北部及宁夏人民之所以不致流亡者唯赖此耳。但分布之面积仅河流两岸，零星狭小，宁夏附近乃不可多得者。"[28]

侯德封与孙健初先生就黄河上游之考察，依不同地形与沉积特点，指出顺其自然发展生产，以利社会与人生的观点，足见环境与人关系之密切。这种尊重自然，科学利用自然，求得自然与人协调发展的学以致用精神，是我们应当继承和学习的。

综上所述，可见世纪之初，先辈们对石器文化和古人类的发现写下了中国考古学的初篇，也为环境考古提供了契机；殷商甲骨卜辞为古环境研究提供了史初期珍贵的史料；袁复礼先生把地质学与考古学结合得如此之好，开启了我国考古学的新起点，他是我国杰出的地质考古学先驱；裴文中先生把地貌与遗址分布结合进行研究，成为我国环境考古的先驱；又顾颉刚、李四光、侯德封、孙健初等先生对环境与人生关系的科学论述，让我们茅塞顿开。因此，在 20 世纪前叶，即 1921—1949 年间，环境考古虽没有展开，但先辈们在考古中关注多学科综合研究，关注环境与人、与人类社会关系的思想，为后来环境考古的展开树立了榜样。环境考古处在破土而出的萌芽期。

注　释

［1］贾兰坡《中国旧石器时代考古》，《中国大百科全书·考古学》，中国大百科全书出版社 1986 年版；贾兰坡、黄慰文《周口店发掘记》，天津科学技术出版社 1984 年版；陈星灿《中国史前考古学研究》，三联书店 1997 年版。

［2］贾兰坡、黄慰文《周口店发掘记》，天津科学技术出版社 1984 年版。

［3］陈星灿《中国史前考古学研究》，三联书店 1997 年版。

［4］Boule, M., H. Breil, E. licent, and P. Teilhard de chardin: "le paleolithique de la Chine", Archives del Institute de Paleontologie Humainie, Memoire, Masson, Paris, 1928.

［5］李济《西阴村史前的遗存》，清华学校研究院丛书第三种，1927 年版。

［6］同［1］。

［7］安志敏《中国新石器时代考古》，《中国大百科全书·考古学》，中国大百科全书出版社 1986 年版。

［8］梁思永《后岗发掘小记》，《梁思永考古论文集》，科学出版社 1959 年版。

［9］郑振香《殷墟》，《中国大百科全书·考古学》，中国大百科全书出版社 1986 年版。

［10］ 夏商周断代工程专家组《夏商周断代工程 1996—2000 年阶段成果报告》（简本），世界图书出版公司 2000 年版。

［11］ 胡厚宣《气候变迁与殷代气候之检讨》，《中国文化研究会刊》第 4 卷上册（1944 年）。

［12］ 徐中舒《殷人服象及象之南迁》，《历史语言研究所集刊》第 2 本 1 分（1930 年）。

［13］ 德日进、杨钟健《安阳殷墟之哺乳动物群》，《中国古生物志》丙种第 12 号第 1 册（1936 年）；杨钟健《安阳殷墟扭角羚之发现及其意义》，《考古学报》第 3 册（1948 年）；杨钟健、刘东生《安阳殷墟哺乳动物群补遗》，《考古学报》第 4 册（1949 年）。

［14］ 杨光荣《袁复礼教授生平简介》，《第四纪研究》1993 年第 4 期；周明镇《从河南仰韶村到山西丁村——怀念袁复礼教授，并记"丁村旧石器"发现的一个序曲》，《第四纪研究》1993 年第 4 期。

［15］ 杨光荣、郑虹霞《袁复礼教授轶事》，杨遵仪编《桃李满天下——纪念袁复礼教授百年诞辰》，中国地质大学出版社 1993 年版。

［16］ 杨光荣《袁复礼教授生平简介》，《第四纪研究》1993 年第 4 期；安志敏《袁复礼在中国史前考古学上的贡献》，《考古》1998 年第 7 期。

［17］ 同［10］；同［12］。

［18］ 安志敏《袁复礼在中国史前考古学上的贡献》，《考古》1998 年第 7 期。

［19］ 同［16］。

［20］ 杨光荣《袁复礼教授生平简介》，《第四纪研究》1993 年第 4 期。

［21］ 袁复礼《新疆之哈萨克民族》，《禹贡》第 7 期（1937 年）。

［22］ 同［18］。

［23］ 裴文中《甘肃史前考古报告》，《裴文中史前考古学论文集》，文物出版社 1987 年版。

［24］ 同［23］。

［25］ 李仲揆《风水之另一种解释》，《太平洋》第 4 卷第 1 期（1923 年）。

［26］ 同［25］。

［27］ 侯德封、孙健初《黄河上游之地质与人生》，《地理学报》第 1 卷第 2 期（1934 年）。

［28］ 同［27］。

二　环境考古蓄势期（一九四九——一九八七年）

在中国展开环境考古需要第四纪地质学与考古学达到一定的成熟程度方能办到。就第四纪地质学来说，对中国第四纪地层年代，特别是对全新世地层年代要有一定研究，而且要有能力收集古环境信息。就考古学来说，首要的是建立起文化谱系。50 年代及其后的一段时间这两门学科都还难办到。因此，展开中国环境考古需要一段准备与培育时间，即 1949—1987 年间的蓄势待发期。

50 年代是国家百废待兴的时期。在国家支持下，由老一辈的科学家带领一批年轻学者在各科学领域攻关，做填补空白的工作。第四纪地质学、考古学也包括在中华民族向科学大进军的行列之中。

（一）考古学的大进步

1. 旧石器时代考古研究

（1）量与质双丰收

如果说 20 世纪 20 年代至 40 年代二十年间，中国发现的旧石器地点屈指可数的话，那么 50 年代至 80 年代中期三十多年间，发现旧石器地点达二百多处。其中还包括了含直立人、早期智人、晚期智人各阶段的人类化石，早期直立人有距今 170 万年的元谋人和距今 100 万年的蓝田人。晚期直立人化石特别丰富，除新发现北京人化石外，还有和县人、金牛山人等。早期智人化石有大荔人、许家窑人、丁村人、马坝人、长阳人等。晚期智人化石有柳江人、河套人、山顶洞人、资阳人等[1]。

众多旧石器分属于旧石器时代早期早段、中后段，以及旧石器时代中期和旧石器时代晚期四个阶段。它们有的与上述人类化石同出土。华北的旧石器发现众多，曾分成两个大的文化传统：一是以大型石器为特征的"匼河——丁村系"，蓝田、三门峡遗址属该系；另一是以小型石器为特征的"周口店第 1 地点（北京人遗址）——峙峪系"，周口店 15 地点、大荔、许家窑等遗址属该系。它们不仅是大小不同，且制作方法也有别。"匼河——丁村系"的大石器主要用碰砧法制造，而"周口店第 1 地点——峙峪系"的小石器主要用砸击法。前者主要采取两面打制，而后者主要是单面加工。前者石器类型有砍砸器、三棱大尖状器、手斧和石球等，砍砸器多，而刮削器少。后者石器类型是刮削器、尖状器、雕刻器和砍砸器，其中刮削器式样丰富、数量众多，而砍砸器很少。华北旧石器的两个系统无论从形状、大小、制法和类型上都有不同之处，形成鲜明区别[2]。这些研究尽管有局限性，但在旧石器考古初期能进行这种综合研究，难能可贵。

旧石器时代中期，"在秦岭以北，……以小石器为主，刮削器仍是主要类型，其祖先曾广泛使用的砸击技术则有明显的衰落；两湖、安徽、江西地区则继承其祖先的文化传统，即砾石石器文化传统，石器主要有砍砸器、手镐、手斧和石球；云贵高原自成特色。在同一文化传统的不同遗址间，也存在着各自特色。如许家窑遗址出土大量石球，达一千多件；丁村文化中多数地点的石制品，虽以石片石器为主，但比较粗大，其中大三棱尖状器颇具特点。无论北方或南方，石球较为常见，这可能反映了狩猎经济有所提高，经济生活较前一个时期有一定的改观"[3]。

旧石器时代晚期，在北方"可区分出若干个不同类型的石器制造工艺。其中，华北地区可分为以山西朔县峙峪、河南安阳小南海、内蒙古萨拉乌苏等为代表的小石器传统，以宁夏灵武水洞沟、河套平原各地点为代表的石叶工业，以山西沁水下川和蒲县薛关、河北阳原虎头梁为代表的细石器工业。在中国南方，也出现多种区域性文化"[4]。这一时期在辽宁小孤山遗址等处还出土了加工精细的骨针和渔叉。更有甚者，还在哈尔滨市西南阎家岗遗址发现约距今二万一千多年用动物骨骼垒成的窝棚式住址；在湖南临澧竹马村在黄土状土中挖出建筑遗迹。

（2）综合研究

旧石器遗址发掘注意了综合研究，今从北至南举四例做一说明。

①庙后山遗址

1979—1983 年间在辽宁省博物馆和本溪市博物馆的组织下，对庙后山遗址进行了发掘和综合研究。庙后山遗址位于辽宁省本溪市山城子乡山城子村村东庙后山南坡的奥陶系灰岩洞穴中，值 124°7′50″E、40°14′49″N。洞穴沉积分八层，总厚 13.5 米。第一、二、三层属公王岭组，系早更新统；第四、五、六层新命名为庙后山组，古地磁年龄距今 33 万—14 万年，属中更新统中、晚期；第七、八层新命名为山城子组，铀系年龄为距今 10 万—1.77 万年，属上更新统（图七）[5]。

庙后山遗址共出土旧石器七十六件，分布于第四、五、六、

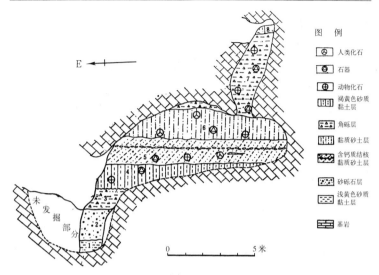

图七 庙后山遗址横剖面图（辽宁省博物馆等，1986 年）

七层中，第六层中出土最多。石器类型分刮削器、砍砸器和石球三类，与华北"匼河——丁村系"石器有较多的相似处。遗址第五层中出土老年人犬齿一枚，第六层中出土成年人右下臼齿和该层底部出土幼年股骨一段，特征与现代人基本相同。

庙后山遗址出土脊椎动物化石七十六种，产自第四至八层中。第四至六层中主要有三门马（*Equus sanmeniensis*）、梅氏犀（*Dicerorhinus mercki*）和肿骨鹿〔*Megaloceros*（*S.*）*pachyosteus*〕等，命名为庙后山动物群。第七至八层中有喜马拉雅旱獭（*Marmota bobak*）、达呼尔鼠兔（*Ochotona daurica*）和普氏野马（*Equus przewalskyi*）等，命名为山城子动物群。

系统采样做了孢粉分析，自下至上分 I—V 五个孢粉带。

I 带：地层为第一至三层，含孢粉不多，除乔木花粉外，尚含水生植物香蒲（*Typha*）、小二仙草（*Haloragaceae*），说明该

段地层尚受河流影响。II 带：地层为第四层，含较多的冷杉
（*Abies*）（22.8%—25.8%）和云杉（*Picea*）（47.2%—
48.5%）花粉，阔叶树花粉少，反映较湿冷的环境。III 带：
地层为第四、六、七层，松（*Piuus*）花粉占多数，达
46.9%—91.9%，含阔叶乔木花粉为整个剖面之冠，有栎
（*Qurcus*）、胡桃（*Juglans*）、鹅耳枥（*Carpinus*）、桦（*Betula*）
等，栎占多数，达 26%—38.7%，反映出庙后山人是生活在
较温和气候环境下的。IV 带：地层为第七层中段，含花粉少，
只含几粒松、桦、蒿（*Artemisia*）和菊（*Compositae*）的花粉，
反映环境较恶劣。V 带：地层为第七层顶部和第八层，含花粉
较多。松花粉占乔木花粉的 51.6%—78.1%，椴（*Tilia*）的
花粉也较多，占乔木花粉的 12.7%—43.3%，此外还有一些
落叶阔叶乔木花粉、草木花粉与蕨类孢子，反映庙后山遗址末
期气候好转。从上可见庙后山遗址植被经历过华北植物区系与
东北植物区系的变动，气候也有湿冷→温和→干冷→转温和的
变化过程。距今约 24 万—14 万年。庙后山地区华北脊椎动物
群四处出没，落叶阔叶林茂盛生长，庙后山人生活在较温和湿
润的环境下。

庙后山遗址的文化与华北旧石器文化有密切关系，又有自
身特点的文化，为辽东半岛旧石器初期文化的代表。

②周口店遗址

20 世纪 50 年代至 60 年代已经注意到对周口店遗址的古
环境研究。70 年代至 80 年代，为纪念北京猿人第一个头盖骨
发现五十周年，在中国科学院古脊椎动物与古人类研究所组织
下，由全国许多部门一百多位科学工作者参与的周口店遗址综
合研究取得了重要收获[6]。

这次综合研究既有新的工作，也有原有材料的深入研究。它包括地质年代学、地貌学、沉积学、古人类学、古脊椎动物学、孢粉学、古土壤学及岩洞学等方面的内容。

这次综合研究重要收获有下列几方面：

首先是厘定了周口店地区晚新生代地层，特别是建立了中更新统的地层年代序列。这里有上新统地层，并可分上下两部分。含猿人的第 1 地点的洞穴沉积分为十七层。第十六、十七层定为下更新统，年代可能大于 100 万年；第十四层（原称"底砾石层"）与第十五层定为中更新统下部，命名为"龙骨山组"，其年代为距今 70 万年前；第一至十三层定为中更新统，仍称"周口店组"，并细分为五段，其年代为距今 70—23 万年（图八）。

其次，对北京猿人全部化石中头盖骨六个、头骨破片十二件、下颌骨十五件、牙齿一百五十七个、股骨断片七件、胫骨一件、肱骨三件、锁骨一件、月骨一件进行了研究。北京猿人的主要形态为头骨低矮，额骨低平，眶后缩窄明显，矢状脊发达，面部诸骨较粗大，下颌骨和牙齿比现代人粗大，肢骨比头骨进步，脑量为 1088 毫升。北京猿人是距今 50 万—20 万年之间的人类。

第三，第一至十一层中更新世哺乳动物化石动物群可分先后两组，下部地层时代稍早的 A 组，含短吻鬣狗（*Hyaena bre-virostris*）、梅氏犀（*Dicerorhinus Kirchbergensis*）、野猪（*Sus scrofa*）、似剑齿虎（*Hometherium* sp.）、洞熊（*Ursus spelaeus*）、大角鹿（*Megaloceros giganteus antecedens*）、古菱齿象（*Palae-oloxodon antiquus*）等。B 组，含最后斑鬣狗（*Crocuta ultina*），也含 A 组中的斑鬣狗、野猪、古菱齿象、大角鹿。猿人洞的肉

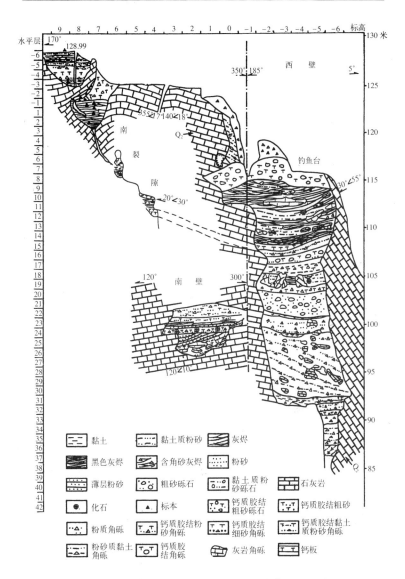

图八　周口店第 1 地点西壁剖面（吴汝康等，1985 年）

食脊椎动物化石主要是原住者，食草动物有的是食肉猛兽作为食料带入，有一部分是北京猿人作为食物带入。

第四，通过对沉积物、古生物、孢粉等的研究，我们对周口店遗址的古气候环境有了进一步认识，其中孢粉学做了较前更详细的研究，不但较系统地采集沉积物样品，而且对鬣狗粪便也进行了分析。孢粉研究结果有三个特点，即未发现代表明显暖和冷的孢粉组合；孢粉组合经常出现的成分为温带森林与草原成分；再者孢粉组合中往往占相当比例的中华卷柏（Selaginella sinensis）孢子，反映的是近处石灰岩蕨类生长环境。其研究说明周口店遗址，特别是北京猿人时期的植被气候环境虽有变化，但变化不大，系温带时暖时凉偏干的环境。

③蓝田猿人遗址

1963 年，在陕西省蓝田县城西北约 10 公里的泄湖镇陈家窝村附近发现了蓝田猿人（Sinanthropus lantianensis）下颌骨化石。1964 年，由中国科学院古脊椎动物与古人类研究所主持陕西蓝田新生界调查中，在蓝田县城东 20 公里秦岭北麓的公王岭黄土（红色土）底部的钙质结核中发现一颗猿人牙齿化石，其形态似与蓝田猿人属同一类型。由于该地点化石密集，采取大块化石堆积装箱运回古脊椎动物与古人类研究所修理，其中先发现一个猿牙齿，在随后的修理中发现一猿人头盖骨。蓝田猿人化石珍贵标本的发现，以及三百件旧石器在中、晚更新世地层的发现，使 1964 年由中国科学院古脊椎动物与古人类研究所组织十一个单位从事的新生代地质调查工作显得更重要，影响波及中外。这项研究工作，正如杨钟健先生1964 年 11 月在"陕西蓝田新生界现场会议"开幕词中说的，像这样多单位为同一目的进行综合性研究的调查和研究，就新生界这一研究课题来说，还是个创举[7]。应该说蓝田遗址综合研究是在蓝田新生代界调查的工作中进行的。

公王岭蓝田猿人剖面厚 62.9 米，在其泄湖组下部（Q_2^1）第四层淡黄色黄土状亚黏土底部钙质结核中发现"蓝田猿人"头盖骨、上颌骨及牙齿化石（*Sinanthropous lantianensis*），与猿人头盖骨化石同层发现的哺乳类化石计有：小黑熊（*Ursus thibetanus kokeni*）、大熊猫（*Ailuropoda melanolenca* cf. *fovecalis*）、鬣狗（*Hyaena sinensis*）、猎豹（*Cynailurus pleistocaenicus*）、三门马（*Equus sanmeniensis*）、中国爪兽（*Nestoritherium* cf. *sinense*）、丽牛（*leptobos sp.*）等[8]。

陈家窝村"蓝田猿人"下颌骨化石产地剖面厚 26.8 米，在其泄湖组上部（Q_2^2）的第三层淡红色埋藏土上部含"蓝田猿人"下颌骨化石（*Sinanthropous lantianensis*），同层发现的动物化石有豺（*Cuon alpinus*）、虎（*Feils tigris*）、象（*Elephantidae indet*）、葛氏斑鹿（*Pseudxis grayi*）、李氏野猪（*Sus* cf. *lydekkeri*）和方氏鬣鼠（*Mospalax fontanieri*）等[9]。

在陈家窝子蓝田猿人下颌骨化石产地采样进行孢粉分析，样品来自黄色黄土状砂质土夹褐红色亚黏土条带，局部含钙结核，厚约 22 米，采十八块样，只在蓝田猿人化石同层位四块样品中发现八十八粒孢粉，计有草本植物禾本科、莎草科、藜科、石竹科、十字花科、车前属、蒿属；木本植物有松、侧柏（*Biota* cf. *orientalis*）、胡桃属、桦属、鹅耳枥属、朴属、楮属（*Broussonetia*）、蔷薇科；此外还有卷柏属、水龙骨科及海金砂属（*Lygodium*）的孢子。孢粉反映的造林种以阔叶树种为主，与周口店北京猿人化石层位乔木以桦、朴两属占优势相似，唯周口店具较多的木本植物，此地则以草本植物较多。这可能是由于地理条件不同而引起的，并不影响两地对比。

④元谋遗址

在昆明市西北约 110 公里金沙江南岸的元谋盆地，属云南省楚雄彝族自治州元谋县，大致在 102°E，25°35′N。盆地被中山包围，盆地作南北长条形，南北长 45 公里，东西中间最宽处 18 公里，两端窄，南高北低，平均海拔约 1100 米。龙川江纵贯其中，在龙街附近汇入金沙江。盆地中低丘将盆地分割成几个小盆地，其中元谋县城附近盆地最大，习称元谋盆地。

元谋盆地新生代地层发育好，从上新统直到全新统均有，内含丰富。除含多种动物化石和孢粉组合外，尤其引人注目的是文化延绵。上新世地层中发现人猿超科化石；早更新世元谋组晚期，即第四段二十五层地层黄棕色亚黏土夹薄层砂层；1956 年，钱方在上那蚌附近该层发现元谋人［Homo（Sinan-thropus）erectus yuanmouensis］两颗门牙齿化石和旧石器与炭屑，用古地磁测年为距今 170±10 万年，用电子自旋共振法与氨基酸法测年也得到近似结果。在中更新世、晚更新世地层中也发现旧石器，在全新世地层中发现细石器和新石器。170 万年前人类就生活在元谋盆地，其后嗣一直活跃在元谋盆地中。根据孢粉分析，元谋人牙齿出土地层花粉组合中松占 43.2%，桤木占 9.1%，栲占 1.2%，其他还有少量雪松、柏、柳、胡桃、桦、榛、榆、桑科、青冈、枫香、栎、山龙眼、漆、木犀、芸香、木兰等，植被为落叶阔叶林，反映气候温和湿润，由于有少量亚热带与热带种、属，气候应比今湿润，不会像现今成干热河谷。与元谋人伴出的动物，常见云南马（Equas yunnaensis）、牛（Bos sp.）等，多量食草动物反映元谋人生活在开阔的河滩与草原的湖沼畔。盆地周围生长着森林，其中有鹿类、象与鬣狗生活其间[10]。

(3) 旧石器与地层

人生活在土地上，地在变，人在变，人类创造并遗留在地层中的石器也在变。人类出现的时间有二百多万年，在这段时间的地层里就蕴藏着人类遗留下的石器。石器与地层自然有密切关系。由于地层的演变有规律，而且可进行区域对比，石器，尤其是旧石器受保存条件的限制和演进速度的局限，是否能成为第四纪地层划分的标准，且待商榷。但注重旧石器与地层关系的研究，不但对于第四纪地层研究来讲是不可缺的，而且对石器文化序列的建立大有裨益。裴文中先生[11]、贾兰坡先生[12]就注重旧石器与地层关系的研究。近期黄慰文先生发表论文详论中国旧石器文化序列与地层的关系，首先他把中国旧石器的分布与第四纪沉积的特点联系起来，分成黄土石器工业和红土石器工业，然后依旧石器出现早晚与沉积地层、磁性地层、年代测定和深海沉积氧同位素测定结果进行对比，人类旧石器文化与地层关系清楚多了[13]。

1921 年至 1949 年的十八年间与 1950 年至 1986 年的三十六年间，前后两阶段的时间相差一倍，但后一阶段发现的旧石器遗址数量是前一阶段的好多倍。旧石器和古人类几乎在全国大部省区被找到了，其中包括早、中、晚期的旧石器和早期直立人到晚期智人化石；其研究程度大有提高，尤其难得的是对一些重要的旧石器时代人类遗址进行了综合研究，人与环境关系的认识获得进展；旧石器文化演化有了眉目，成就斐然。

2. 新石器时代考古研究

由于国家大规模建设的进行，新石器文化遗址也随之被大量发现，据不完全统计达七千多处[14]。这一期间中国新石器考古研究突飞猛进。对我国史前原始氏族社会的了解曾经是迷茫的，但经过 50 年代后的研究，我们对其发展史，尤其是黄河与长江中下游地区，有一个初步的了解。

（1）文化序列的建立

在考古地层学、类型学、碳十四年代学研究的基础上，各区域的考古文化序列逐步明朗，特别是黄河流域与长江中下游进展明显（表一）。在黄河中下游仰韶文化、龙山文化尚可细分为不同类型的考古学文化[15]。

新石器时代中期早段，即公元前 7000 年至公元前 5000 年的考古学文化。除分布于河南和河北南部的裴李岗文化、磁山文化外，还有分布于渭水流域及汉水上游地区的老官台（大地湾）文化，分布于黄河下游地区的后李文化和北辛文化，分布于两湖平原地区的彭头山文化及其后继者皂市下层文化，分布于辽河流域的兴隆洼文化，分布于华南的广西邕宁顶狮山中层和桂林甑皮岩遗存等。其中，彭头山文化和顶狮山、甑皮岩遗存的年代较早，其早期年代达到公元前 6500 年，北辛文化和皂市下层文化的年代较晚，其结束年代约在公元前 4400 年左右，其余各种考古学文化的年代约在公元前 6000 余年至公元前 5000 年之间[16]。

新石器文化中期晚段，即公元前 5000 年至公元前 3000 年的考古学文化。这主要包括中原地区的仰韶文化（约公元前 5000—前 3000 年），海岱地区的大汶口文化早、中期（约公元前 4300—前 2800 年），黄河上游地区的马家窑文化石岭下类型和马家窑类型（约公元前 3600—前 2900 年），辽西地区的赵家沟文化（约公元前 5000—前 4000 年）、红山文化（约

表一　中国考古文化期表

年龄 KaBP	气候期	降温事件	时代	辽中	辽西	黄河中下游	黄河上游	海岱	长江下游	长江中游	华南	台湾	云南
1	降温期	↓	北宋 北魏			汉							
2		↓	汉 战国			战国 2			吴越 4			3.3	
3		↓	周 2 商 3 —3.6 夏			周 3 商	周 3 商 3.6 岳石 4.1				3.1 昙石山 4.3	3.1 圆山 3.8 凤鼻头 4	3.7 白羊村
4	高温期	↓	新石器晚期 5		5 红山 5.35	夏 龙山 5	齐家 4 龙山 4.6 马家窑 4.9 5.6	渚 良 5.3	石家河 4.6 屈家岭 5		5		5 火星山
5		↓		6.8 新乐 7.3	6 赵宝沟	仰韶		崧泽 6	大溪 6.4	西樵山 6	6 大坌坑 7.5		
6		↓	新石器中期			7 大地湾 7.2 7.4 磁山 7.5 裴李岗 7.9	大汶口 6.4 北辛 7.3	马家浜 河姆渡 7 跨湖桥 8	7.4 城背溪 7.6 8.2 8.8 仙人洞 7.7 9	7.5 甑皮岩		6.8 塘子沟
7						贾湖 9						8
8	升温期		新石器早期 9		兴隆洼 9		后李 8.5			9 穿洞（上层）	海雷洞	
9								神仙洞 11.2				
10										11 独石仔	12	
11												12 龙王塘

公元前 4000—前 3000 年)、富河文化（约公元前 3350 年），
辽宁中部的新乐文化（约公元前 5300—前 4800 年），辽东地
区的小珠山一、二期文化（约公元前 5000—前 3400 年），黑
龙江东南部的新开流文化（约公元前 4100 年），长江中游地
区的大溪文化（约公元前 4400—前 3000 年）。还有江淮东部
地区的高邮龙虬庄遗存（约公元前 5000—前 3500 年），太湖
地区的马家浜文化（约公元前 5000—前 4000 年）、崧泽文化
（约公元前 4000—前 3300 年），杭州湾南岸的河姆渡文化（约
公元前 5000—前 3300 年），闽台地区的富国墩、大坌坑文化
（约公元前 5000—前 4000 年），赣江流域的拾年山一、二期文
化遗存（约公元前 4000—前 3000 年），珠江三角洲一带的深
圳咸头岭、香港大湾遗存（约公元前 4000—前 3000 年）等
等[17]。其中仰韶文化研究较深入，黄土高原的遗存，可分为
北首岭、半坡、庙底沟和西王村四个类型，至于史家似可以归
入半坡类型。黄土高原的东南边缘与华北平原的过渡地带，即
洛阳以东的豫中地区，至少可划分为庙底沟和大河村两个类
型；沿太行山东麓的华北平原，即豫北、冀南一带，可划分为
后岗、大司空村两个类型[18]。

新石器文化晚期，即公元前 3000 年至公元前 2000 年的考
古学文化。分布在海岱地区的主要有大汶口文化晚期遗存
（约公元 2800—前 2600 年）、山东龙山文化（约公元前 2600—
前 2000 年）；分布在陕西、河南及晋南地区的有庙底沟二期文
化（约公元 3000—前 2600 年），主要分布在河南地区的中原
龙山文化（约公元前 2600—前 2000 年），主要分布于关中地
区的客省庄（又称客省庄二期）文化（约公元前 2400—前
2000 年）；分布在黄河上游地区的主要有齐家文化（约公元前

2000 年）；分布在川西成都平原的有新津宝墩一、二期文化遗存（约公元前 2500—前 2000 年）；分布在长江中游地区的有屈家岭文化（约公元前 3000—前 2600 年）、石家河文化（约公元前 2600—前 2000 年）；分布在太湖地区的有良渚文化（约公元前 3300—前 2000 年）等等。有的考古学文化还可以进一步划分类型，如中原龙山文化又区分为豫北冀南的后岗类型，豫东的王油坊类型（有学者认为王油坊类型属山东龙山文化），洛阳至郑州一带的王湾类型，晋、豫、陕交界处的三里桥类型等[19]。

(2) 专题研究的推展

由于新石器考古文化序列有了眉目，大量遗址的发现和考古资料的积累，考古学文化专题研究有需要和可能进行，从而把考古学研究向深入推展开来。

农业是新石器时代文化的重要基础和基本特征，新石器时代人类终于从单纯依靠自然界的采集、狩猎与捕捞生活，迈进了自行生产的生活，因此新石器时代农业的诞生是人类文化的革新。中国是世界农业的重要策源地之一。南方，尤其是长江中下游距今 9000—7000 年间已有适应湿热环境的稻（*Oryza sativa*）作农业兴起，而北方也在大致相同的时间形成了适应干凉环境以粟（*Sataria italica*）为主的农业。中国新石器时代以稻、粟为主的农业，与产小麦、大麦的西亚或产玉米的中美洲中心不同，中国稻、粟农业是土著农业。农具也有许多发现，以石、骨、蚌、木为主要原料，分农耕、收割和加工农具。农耕工具有铲、耒、锄、铲（即耜、耒之类的挖土工具）。裴李岗文化的石铲（石耜），适于挖耕粉砂质的黄土，河姆渡文化以水牛肩胛骨做骨铲（骨耜）适于挖耕黏重土。

收割工具有刀、镰。刀有打制石片、磨制石刀、蚌片与陶片。镰发现于裴李岗文化，刃部具细密锯齿，但仰韶文化罕见，龙山文化重盛行，然除蚌镰外，石镰刃部不具锯齿。加工谷物的工具有发现于裴李岗文化和磁山文化的石磨盘、石磨棒，仰韶文化中少见[20]。

新石器时代由于农业的兴起，人们开始过定居生活，聚落形成，发明建筑主要为居住用的房屋。在北方黄土分布区，人们利用黄土有直立性状，挖掘洞穴居住，后发展为半地穴建筑，再发展为地面建筑。房屋由单间发展为套间和连间；墙体的构造，由木骨泥墙、乱石墙发展为土坯墙和版筑墙；柱基础石由掺杂料姜石、陶片等骨料的建筑发展到础石的应用；居住面、墙面由简易的草筋泥发展到石灰抹面等。这些奠定了中国古典建筑体系的基础[21]。

由于新石器时代农业的诞生与发展，相伴出现家畜与家禽的饲养。距今约8000—7000年在中国北方主要家养动物是猪、狗和鸡，南方是猪、狗和水牛。北方山东泰安大汶口和兖州王因等遗址中曾发现水牛遗骨，说明大汶口文化区饲养水牛。山羊、绵羊是距今4800—3900年间龙山文化时期才饲养的，而马的饲养是在商代[22]。

（3）古环境研究的引进

60年代初夏鼐先生力主考古学应与相关学科渗透，要求重视"物质文化和自然环境的互相作用"的研究，并明确指出"地质学对考古学的影响最大"[23]。夏先生的这一重要论述为考古学与自然科学结合研究的道路指明了方向。

50年代我国开始建立孢粉分析方法。同期我国在西安东部发现新石器时代半坡遗址，遗址面积约5万平方米。石兴邦先生领队发掘，发现半坡遗址是一个具大小房舍、栏圈、墓葬和壕堑的完整聚落[24]。半坡遗址的发现、发掘和博物馆的建成，促使50年代后全国雨后春笋般的考古新发现。难能可贵的是，在半坡遗址发掘中，考虑到运用我国刚建成的孢粉分析方法来研究半坡先民的生活环境，笔者有幸受委托做了该项分析（由金学山先生采样）。这是我国首次运用孢粉分析的方法研究新石器时代遗址的古环境。其分析结果分别刊在《考古》1963年第9期[25]和考古发掘报告《西安半坡》上[26]。在2.8米的剖面上分析了二十八块样品，计发现的孢粉有：冷杉（*Abies*）、松（*Pinus*）、云杉（*Picea*）、铁杉（*Tsuga*）、柳（*Salix*）、胡桃（*Juglens*）、桦（*Betula*）、鹅耳枥（*Carpinus*）、栎（*Quercus*）、榆（*Ulmus*）、柿（*Diospyros*）、禾本科（Gramineae）、藜科（Chenopodiaceae）、十字花科（Cruciferae）、伞形科（Umbelliferae）、茜草（*Humulus*）、蒿（*Artemisia*）、石松（*Lycopodium*）和一些其他的蕨类孢子（*Filicales*）（表二）。

孢粉分析说明，半坡先民生活期间植被是"在疏稀的草原植物中夹杂着零星的榆和柿等乔木树种"，即疏林草原植被，推测气候与现今相仿。这是据当时资料得出的看法，现在看来当时气候比现今暖湿，已是北亚热带环境。

继后，我们对内蒙古察右中旗大义发泉村细石器文化遗址进行了孢粉分析[27]，又前后两次撰文论述花粉分析与考古的关系[28]。后来不同作者发表了一些遗址的孢粉分析研究成果，这些成果对探讨先民生活环境大有裨益[29]。如王开发先生等对江苏唯亭草鞋山遗址孢粉分析，文化层厚约11米，分为八层，第一层为吴越文化（距今约2500年），第二、三、四层

表二　　　　半坡遗址孢粉组合表

时代	深度(米)	号码	Abies	Pinus	Picea	Tsuga	Salix	Juglens	Betula	Carpinus	Quercus	Ulmus	Diospyros	Gramineae	Chenopodiaceae	Cruciferae	Umbelliferae	Humulus	Artemisia	Lycopodium	Filicales
新石器（仰韶文化）		1																			
		2													1				4		
		3																			
		4													2						
	0.5	5												1							
		6						1	1		1				4				1		
		7																			
	0.8	8												1	1			2	7		
		9													1			1	2		
		10	5	6	1	1	6						1		38				10	1	3
		11													1						
		12		1											1			1	1		
		13																			
	1.4	14													76	33	1				
		15																			
		16									1										
	1.7	17																			
	1.8	18																	2		
		19					4		1					1	3				2		
		20									1			1	3	2			1		
		21					7	2							11				5		
	2.2	22																	2		1
		23																			
		24																			
		25																			
	2.6	26																			
		27																			
	2.8	28																			

　　　　▨1　　　▨2　　　▨3　　　▨4　　　▨5

1.灰褐色粉砂土　2.褐色粉砂土　3.深褐色粉砂土 4.杂色粉砂土 5.灰黄色粉砂土

为良渚文化（距今约 4000 年），第五层遗物少，第六、七、八层为青莲岗文化（即崧泽文化，第八层碳十四年龄为距今 5460±110 年）。第八层，即青莲岗文化早期，草本花粉占优势，水生植物花粉最多，计有眼子菜（Potamognaceae）、水鳖

科 （ Hydrocharitaceae ）、黑 三 稜 （ Sparganiaceae ）、香 蒲（Typhaceae）、水麦冬（Juncagiaceae）、泽泻科（Alismatace-ae）、花蔺科（Butomaceae）、蓼属（*Polygonum*）、莎草科（Cyperaceae）等，禾本科（Gramineae）花粉也很多。这些说明遗址靠近湖沼。第二、三、四层，即良渚文化层，草本花粉与木本花粉量相近，但草本花粉中水生植物显著减少，只有个别的香蒲和水鳖的花粉，而菊科（Compositae）花粉显著增多，占 5.6%—18.4%，禾本科尚有相当数量，这说明遗址远离湖沼[30]。又如孙湘君先生等研究了河姆渡遗址的孢粉后，指出河姆渡文化期（距今 6800—5600 年前）木本植物花粉以栎（*Quercus*）、栲（*Castanopsis*）、台湾枫香（*Liquidambar for-mosana*）为主，植被为亚热带常绿落叶阔叶林。林下多热带蕨类，如羽裂海金沙（*Lygodium polystachum*）、柳叶海金沙（*L. salicifolium*）、狭叶海金沙（*L. microstachyum*）、带状瓶尔小草（*Ophioderma pendula*）、肉质状石蕨（*Lemmaphyllum car-nosum*）。这说明河姆渡文化时期气候近热带。又孢粉谱中大量眼子菜、香蒲、黑三稜（*Sparganium*）、莲（*Nelumbo*）、菱（*Trapa natans*）水生植物花粉，说明遗址周围水域广阔。有水稻（*Oryza sativa*）栽培，水稻花粉最多含量可达 71%。水稻花粉形态为单孔圆球形，外壁薄，较光滑，孔环宽约 2.5—3.7 微米，花粉粒体积大，一般为 45 微米左右，最大可达 56微米，其形态与现代水稻花粉相似[31]。这是我国第一次鉴定出水稻花粉。还如严富华先生等研究了河南郑州市大河村遗址的孢粉。在 9 米多的剖面采了十八块样品进行分析，分析结果说明孢粉式大致可分为三段，大河村仰韶文化时期木本与草本花粉含量丰富，植被为森林草原，从含山毛榉（*Fagus*）花粉和

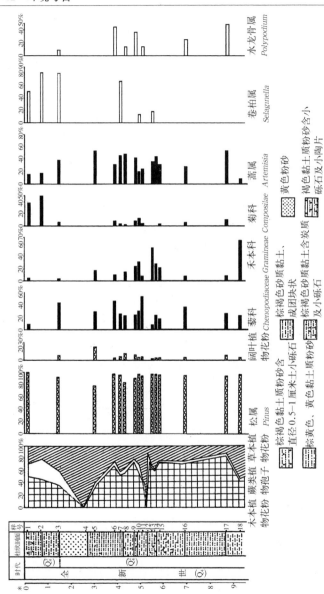

图九 郑州市大河村遗址孢粉式（严富华等，1986年）

水蕨（*Ceratopeteris*）孢子看，当时气候暖湿，较今高 2℃—3℃（图九）[32]。上述孢粉分析研究成果都是在孢粉学家与考古学家合作下完成的。

考古学家愈来愈重视人类生存环境的研究。这个时期在考古学中引进古环境研究的方法，除上述孢粉分析外，尚注意到沉积物古环境研究等，特别难得的是蔡莲珍、仇士华先生在从事碳十四年代学研究中注意到碳十三的研究，因为碳十三测定可以提供古代人类食谱和动物食性的信息，从而可以推进古农作物种类、分布、变化和起源问题研究。他们初步研究说明，我国北方半坡、北首岭、陶寺等新石器时代遗址的标本中多属 C_4 植物，这与该区属粟分布区的情况一致。对四川普格县战国遗址人骨标本测定则没有反映 C_4 植物，这正反映该区非粟作区，而是稻作区[33]。引进放射化学的方法研究古人食谱与动物食性，对推进古农业等的考古学文化研究有重要意义。

在 1965 年纪念仰韶村遗址发现六十五周年大会上，严文明先生在学术报告中就仰韶文化遗址分布谈到环境考古问题，他讲到："一般地说，遗址的分布在很大程度上受自然地理条件的制约，同时也与人类社会的生产发展水平和经济活动方向有很大关系。一定的自然地理条件产生一定的生态系统。人类必须适应环境，不同程度地利用改造环境，因此必须参加到一定的生态系统中去。研究遗址的分布规律，实质上就是研究人类社会在一定生产力水平下对地理环境适应、利用与改造的辩证关系。这就是环境考古学研究的主要内容，而我们现在还基本上没有开展有组织的环境考古学的研究，这种状况应当及早改变。"[34]这一段讲话阐述了人类居住与生活场所的选择是融于一定生态系统中的，因此既与自然环境关系密切，也与生产

力和社会发展水平有关，研究彼此关系才能更好地发现遗址
和理解古文化。这属于环境考古研究范畴。他有感当时中国
尚未有组织地展开此项研究呼请大家注意，只有这样才能将
仰韶文化和中国考古学研究深化。严先生的讲话表述了我国
考古学家迫切希望展开环境考古的心声，也是我国考古学家
在我国环境考古有组织展开前对环境考古的重要论述，颇具
前瞻性。

（二）中国第四纪地质学的建立

1. 一门新型的地质学

前面引述夏鼐先生论及"地质学对考古学的影响最大"。
实际上夏先生并非讲一般意义上的地质学，主要是讲人类诞生
以来的地质学，而这一地质学就是当时属于待填补的空白学
科——第四纪地质学。

20 世纪 50 年代，我国地质学重要奠基人李四光先生谈到
中国地质学有一老一新的两个薄弱环节。老的就是指震旦纪，
新的就是指第四纪，如何弥补这两个薄弱环节就是我国地质学
界面临的任务。我国第四纪研究虽然也有一些成果，甚至在冰
川、古人类研究上颇有建树，但总体上还是初步的，甚至一些
重要领域无人研究，如新构造研究，微古生物、孢粉和年代学
研究；有些基础研究很薄弱，如第四纪地层研究；有些关系国
家建设的第四纪沉积物知之甚少，如黄土、三角洲沉积等。这
种情况很不适应国家对水利用与治理的需要。50 年代强调向
苏联学习，苏联的第四纪地质学确实搞得不错，而且他们在苏
联科学院设立有第四纪研究委员会来推进这一门综合性的学

科。我国经过几年的筹备后，于 1957 年在中国科学院中设立了"中国第四纪研究委员会"来统筹我国第四纪研究工作[35]。李四光先生任主任，侯德封先生、杨钟健先生任副主任，刘东生先生任秘书长，还包括袁复礼、裴文中先生等若干委员组成。自此以后，中国第四纪地质学在科研院所、大专院校等单位开始步入有计划的快速发展时期。

第四纪地质学的主要特点是，研究地质历史中最新的一章，即研究 250 万年以来的地质规律。研究的对象主要是陆相松散沉积物，复杂多变，也研究海相与海陆交互相沉积物。第四纪气候变化剧烈与频繁，研究冰期、间冰期等的多旋回变化。研究人类起源、演化规律。第四纪综合研究程度高，它不仅包括地质学中诸学科，也要与生物、化学、物理、数学、考古、古动植物、土壤、工程、环境等学科密切结合。第四纪地质学不仅是一门探讨地球演化等重大理论问题的学科，也是一门解决工程、水利、资源和环境诸实践问题的重要学科。

2. 第四纪地质学的主要成就

（1）地层划分

第四纪地层细分为更新世与全新世，又各分为早、中、晚三期。

关于更新世的起始时间，我国学者多采用 1977 年国际第四纪研究联合会建议的意大利弗利卡（Vrica）剖面第三系与第四系界限年龄，即距今 250 万年。这一时间界限正好与古地磁极性年表中的松山高斯界限一致。这一界限受到国际认可，包括与我国黄土、洞穴、山间盆地等沉积物特征与古气候演变特征相符合。第四纪各时期的界限，早更新世与中更新世间为距今 73 万年，这是古地磁极性年表中的布容正向期的底界。中更新世与晚更新世的界限，一般放在里斯——玉木冰期，年代约为距今 12.5 万年。中国洛川马兰黄土（L_1）底界年为距今 9.5 万年，马兰黄土下伏的第一层埋藏土（S_1）中记录到古地磁布莱克事件，年代为距今 11 万年。晚更新世与全新世的界限约为距今 1 万年，各处说法有些差异，在华北暖温带地区看来以距今 11500 年为宜。该期在华北的孢粉组合特征，有些地区表现为锻树花粉较多，栎等阔叶树花粉陆续出现，桦树花粉占有一定比例，或松花粉占优势。早全新世与中全新世界限距今约 8000 年，该期以栎为代表的阔叶树花粉曲线上升，并在距今约 5000 年形成峰值，再转为下降。中全新世与晚全新世界限为距今约 3000 年，该期木本花粉中阔叶树花粉零星出现，松花粉占优势，草本花粉中蒿、禾本科、藜等干旱植物花粉明显增多。

①黄土地层

中国幅员辽阔，气候、地质、地貌变化大而复杂，故第四纪地层具有区域特征。中国的第四纪沉积物中黄土分布最广，尤以黄土高原地区黄土面积广、厚度大、历史久远。面积达 63 万平方公里（一说 40 多万平方公里，一说 60 多万平方公里）。最大厚度超 400 米，一般厚度达 100—200 米。历史可追溯到第四纪早期[36]或更早。第四纪以来，黄土高原黄土堆积基本上是连续的，与人类活动关系密切，含丰富古环境信息，其地层及其环境演变序列具世界意义。我国黄土地层序列如下[37]。

全新世（Q_4）黄土地层：

刘东生先生是我国全新世黄土的发现者。他于 50 年代就明确指出有全新世黄土，把新黄土分作下部的上更新统和上部的全新统两部分[38]。他于 60 年代又进一步论道："在我国应有全新世的黄土沉积是无疑的。"[39]他又说："黑垆土之上的黄土可能为全新世的黄土。"[40] 他于 80 年代中期，正式命名洛川塬全新世黄土为坡头黄土（Potou Loess）[41]。自此后，中国黄土有了全新世黄土地层单位，这是刘东生先生对黄土地层学的重要新贡献。坡头黄土是指全新世形成裸露的（或称残余的）黑垆土，或指埋藏的黑垆土及其上覆的黄土层，分布在海拔1000 米的黄土高原，最大的特点是含黑垆土古土壤层。其形成环境为草原或森林草原，古气候特点是温凉干燥至温凉稍湿。郑洪汉先生于 80 年代初专文论述了黄河中游全新世黄土的区域分布及物质组成，并将其分为早、中、晚三期[42]。全新世黄土厚约 1—3 米。

中国更新世黄土地层划分一直为人们所重视，但系统论述始于 1962 年刘东生、张宗祐先生发表的专论《中国的黄土》[43]。

更新世（Q_{1-3}）地层：

上更新统（Q_3）马兰黄土。命名地在北京市门头沟区斋堂镇马兰峪沟。马兰黄土浅灰黄色。含微弱发育浅褐红色古土壤层，疏松，柱状节理，无层理，偶含碳酸钙小结核。含鸵鸟蛋、方氏鼢鼠等化石，主含蒿、藜、禾本科等旱生草本植物花粉，主要形成于干冷环境。厚约 4—8 米，河南省巩义市至郑州市的黄河岸边马兰黄土厚可达 50 米以上。马兰黄土分布广，可抵长江以南。

中更新统（Q_2）离石黄土。命名地在山西省离石县陈家崖。离石黄土中以不整合分为上下两部分。离石黄土上部，简称上离石黄土，棕黄色，岩性为粉砂土，含五至六层棕红色较厚的古土壤，有钙质淀积。厚可达 20 米。离石黄土下部，简称下离石黄土，颜色浅棕色，含十层以上较薄的古土壤层，岩性与上离石黄土近似，只底部与中上部各含一层沙黄土。钙质淀积成层，厚可达 40 米，或更厚。含多种鼠类和蜗牛化石，含大角鹿等脊椎动物化石，古气候冷、暖、干、湿交替变化。

下更新统（Q_1）午城黄土。命名地在山西省隰县午城镇，黄土下伏砾石层，有的下伏上新统红色黏土，午城黄土含十多层古土壤或风化层，最上面一层古土壤有破坏现象，以此与上覆的离石黄土区分开来。厚度达 40 米，或更厚。含多种鼠类与蜗牛化石，含中华长鼻三趾马、三门马、羚羊、野牛等脊椎动物化石。

②河湖相、洞穴沉积物地层

中国第四纪沉积物除了上述黄土就是河湖沉积物分布广，兹择要者简述如下（表三、四）：

全新世（Q_4）沼泽沉积地层。

我国全新世泥炭沼泽有较广分布，但分布不平衡，东北、华东、华南和青藏高原分布较多，而西北甘、新与内蒙分布极少。又现代泥炭沼泽以东北的东北部和青藏高原分布多，而东北中南部、华北、华东、华南为埋藏泥炭沼泽[44]。

50 年代由刘东生先生指导笔者进行北京地区埋藏泥炭调查及其孢粉分析[45]，同期徐仁先生指导刘金陵等几位同志从事北京附近的埋藏泥炭孢粉分析[46]。这是我国全新世地层学研究的初期工作。继后，于 60 年代初笔者在刘东生先生指导下展开了东北现代沼泽调查与孢粉分析[47]，进一步推动了我国全新世地层学的研究。

笔者通过对北京海淀区肖家河与河北三河沃泷淀两个埋藏泥炭矿的分布、泥炭类型、孢粉分析与种子果实的鉴定等项研究后，主要认识有两点：一是孢粉分析是研究古环境和地层的

表三　　　　　中国全新世地层简表（据莫多闻）

地区\地层	东北		华北						长江下游		东南沿海					西南	
	辽南普兰店	松辽平原	北京	黄淮海平原	华北平原东部	渤海湾西岸	黄土地层		上海组		浙江	福建	闽南沿海	广东沿海	台湾	贵州惠水	川西高原
全新世统	庄河组	郭家店组	刘斌屯组	岐口组	河间组	四党口组	玉田组	西峰层	上海组	外白渡桥组	滨海组	长乐组	塘内组	烟墩组	米仑组	涟江组	恰叫期
			尹各庄组											鹿回头组		大坡寨组	波鲁期
	大孤山组	坦途组		高湾组	海兴组	黄骅组	天津组	陇西层		浦东组			许村头组	灯楼角组			龙灯坝期
			尹家河组							吴淞组		东山组		高边头组	台南组	滥泥寨组	道孚期
	普兰店组	大土山组	坟庄组	杨家寺组	吴桥组	南排河组	永清组	洛川层		真如组				石岛组			

表四　　　　中国更新世地层简表（据莫多闻）

地区 / 地层	东北	华北						长江中下游					东南沿海		西南	西北		青藏高原	
	松辽平原	标准地层	华北平原	晋中地区	晋东南地区	汾渭地区	黄土地层	长江中游	淮河流域	长江下游	上海地区	浙江	福建	广东沿海	新疆盆地	河西走廊	柴达木盆地	西藏	
上更新统	顾乡屯组 哈尔滨组 东岗组	萨拉乌苏组	欧庄组	马兰组上部 丁村组	马兰组上部 丁村组	马兰组	马兰黄土	下蜀组	戚嘴组	下蜀组	南汇组 川砂组	莲花组	宁波组 东浦组	八所组 龙海组 湖光岩火山岩	新疆群	戈壁砾石层	戈壁组	绒布寺冰碛 古土壤 基龙寺冰碛	
中更新统	东风组 上荒山组 下荒山组	周口店组	杨柳青组	离石组上部 木瓜组	离石组上部 小常村组	离石组上部 匼河组	离石黄土	白沙井组	泊岗组	网纹红土	宝山	嘉兴 之江组	同安组	北海组	盐井沟组	乌苏群	酒泉组	共和	棕红古土壤 聂聂雄拉冰碛 帕里黏土

续表四

地区\地层	东北	华北						长江中下游				东南沿海				西南	西北		青藏高原	
	松辽平原	标准地层	华北平原	晋中地区	晋东南地区	汾渭地区	黄土地层	长江中游	淮河流域	长江下游	上海地区	浙江		福建	广东沿海	西南	新疆盆地	河西走廊	柴达木盆地	西藏
												群	组						群	
下更新统	白土山组／东华组	泥河湾组	固安组	大沟组	大墙村组—楼则峪组	三门组	午城黄土	汨罗组	下草湾组	雨花台组			汤溪组	天宝组	石峁岭火山岩／湛江组	元谋组	西域组	玉门组		希夏邦马冰碛

有效方法，我国全新世与世界有可比性。孢粉式可以分成Ⅰ、Ⅱ、Ⅲ三个带。Ⅰ带为下部松属花粉优势带，松属花粉占80%—92%，与北方期对比。Ⅱ带为阔叶树花粉大量出现带，以栎为代表的阔叶树花粉占24%—29%，与大西洋期对比。Ⅲ带为上部松属花粉优势带，松属花粉占84%—92%，与亚大西洋期对比。Ⅰ、Ⅲ带反映古气候温凉而较干，Ⅱ带反映温暖而湿润。这成为我国全新世地层三分的基础，也看出我国全新世环境演变与地层划分与世界有可比性（图一〇）。二是古气候环境的变化与沉积类型有密切关系。泥炭沼泽的兴衰与古气候暖湿与凉干变化有对应关系。当孢粉Ⅱ带暖湿环境下泥炭堆积，泥炭中未发现文物，说明此时人类活动难以接近沼泽。此后孢粉Ⅲ带凉干环境下泥炭停止堆积，沼泽植物的枯枝落叶等被分解成黑色淤泥，此层中找到矛、镞、镰和镶夹器（图

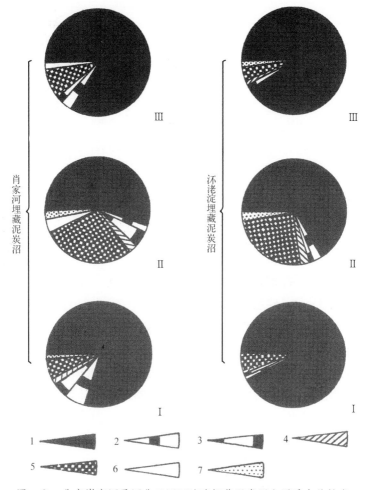

图一〇　北京肖家河及河北三河汭浽淀埋藏泥炭沼主要乔木花粉式

1. 松属（*Pinus*）　2. 云杉属（*Picea*）　3. 冷杉属（*Abies*）　4. 桦属（*betula*）
5. 阔叶树种（*Quercus，Ulmus，Tilia*）　6. 胡桃属（*Juglans*）　7. 鹅耳枥属
（*Carpinus*）　Ⅰ. 下部松属花粉占优势带　Ⅱ. 阔叶树种花粉最大量出现带　Ⅲ. 上
部松属花粉占优势带

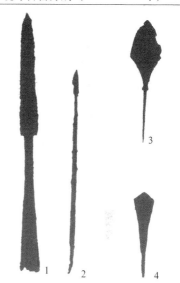

图一一　北京埋藏泥炭沼上覆
　　　　黑色淤泥中含的文物
1. 矛　2. 镞　3. 镦　4. 镊夹器

一一）。其中铜身铁铤的镞，年代可上溯至汉，后也延用，而其他几件文物可晚至辽金及宋。这说明沼泽形成于汉前而消亡于汉后，只有沼泽行将消亡时人们才能靠近沼泽活动，其文物遗留在黑色淤泥中。这说明气候变化与沉积物的变化有内在关系，还说明文物有助于判断全新世地层年代。这也因此成为笔者后来从事环境考古的早期动因。

　　更新世（Q_{1-3}）河湖相、洞穴沉积地层。

　　上更新统（Q_3）萨拉乌苏组。

　　地层命名处于内蒙古乌审旗萨拉乌苏河（无定河上游）两岸，属鄂尔多斯高原毛乌素沙漠的东南边缘。该地层是一套典型的粉砂、粉砂质黏土，细砂的河湖相沉积物。该地层厚约60 米，含人类化石与石器，含丰富的脊椎动物化石，计有河套大角鹿、王氏水牛和原始牛等，也含融冻卷曲。该地层在华北有广泛分布，系华北晚更新世标准地层（图一二）[48]。

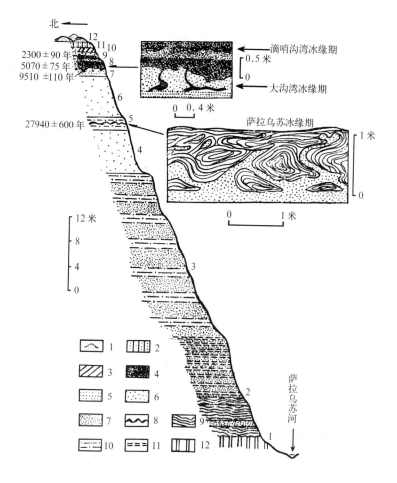

图一二 内蒙古萨拉乌苏河滴哨沟湾右岸剖面图

1. 沙丘 2. 灰黄色粉砾与砂质黏土 3. 黑垆土 4. 沼泽土 5. 具水平层理的粉细砂 6. 灰黄色细砂 7. 厚层状的灰黄色粉细砂 8. 冰缘构造 9. 具褶曲的灰色、灰黑色、白色、灰绿色砂质黏土与粉细砂互层 10. 厚层状灰黄色黏土质砂 11. 灰色砂质黏土 12. 离石黄土

中更新统（Q_2）周口店组。

命名处在北京市房山区周口店龙骨山第1地点的洞穴堆积，可分十七层。第一至十三层属中更新统周口店组，是含"北京人"化石与石器及丰富的脊椎动物化石，形成于距今50万—20万年。动物化石中计有肿骨鹿、洞熊、中国鬣狗等几十种[49]。周口店已成为著名世界文化遗产和古人类的胜地。

下更新统（Q_1）泥河湾组。

命名地在河北省阳原县泥河湾村，是一套由湖相与河相沉积物组成的上100米的地层，该地层中含有丰富的动物化石，计有长鼻三趾马、真马、三门马、大角鹿、纳玛象、剑齿虎等数十种。笔者等对该地层做过孢粉分析[50]。此套地层出露于山陕盆地中，为华北早更新世标准地层。

（2）环境演变

①实验室建设

只有在第四纪科学研究中运用了分析古环境的手段和测年方法，才能使第四纪环境演变的研究取得长足的进展。故中国第四纪研究委员会一成立就在1957—1959年工作纲要中明确要求，推动建立孢粉分析和碳十四测年方法[51]。孢粉分析和碳十四测年是我国建立最早的第四纪研究方法。

笔者与陈硕民女士于1956年从西北大学毕业分配到中国科学院地质研究所工作，在刘东生先生指导下筹建我国早期第四纪孢粉分析实验室。经过两年的努力，期间，笔者受刘东生先生派遣到中国科学院植物研究所，在我国孢粉形态学奠基人王伏雄先生指导下学习孢粉形态，打下了孢粉形态学基础。笔者等于1958年在刘东生先生指导下展开了北京埋藏泥炭的调查与孢粉分析[52]，继后进行了黄土等孢粉分析[53]。同期在中国地质科学院由我国孢粉分析奠基人徐仁先生指导孙孟蓉、刘金陵、李文漪、刘牧灵同志等进行第四纪孢粉分析[54]。

碳十四测年方法在第四纪孢粉分析方法筹建启动后续建。首先是在夏鼐先生指导下由仇士华和蔡莲珍先生在中国科学院考古研究所筹建。1959 年刘东生先生与夏鼐先生商议后，派黎兴国、陈明阳先生到考古研究所与仇士华、蔡莲珍先生合作筹建碳十四测年实验室。碳十四测年在国外出现时间不久，要运用放射化学和物理测试知识来建立碳十四实验室，我国只能白手起家，经过不断摸索，于 60 年代中期建成实验室，于 70年代正式发表数据[55]。第四纪孢粉分析和碳十四测年实验室的建成，奠定了我国第四纪研究实验的科学基础，对第四纪地质规律尤其是晚第四纪规律的揭示起到了十分重要的作用。这要感激我国老一辈科学家的高瞻远瞩和运筹帷幄。

后来，我国第四纪孢粉分析与碳十四测年实验室在许多科研院所、高等院校与生产单位陆续建立起来，并且新建立了有孔虫、硅藻、硅酸体等微体古生物分析方法，也陆续建立了古地磁、热释光、铀系、钾—氩、氨基酸、自旋共振、裂变径迹和铅 210 等新地质年龄测定方法，从而促使我国第四纪古环境研究逐渐深入展开。

为加强我国第四纪研究工作，1980 年 4 月中国第四纪研究委员会开会，决定在中国第四纪研究委员会下设几个分委员会，以便促进我国第四纪科学各专业的快速发展。遂于同年12 月成立了中国第四纪研究委员会第一个分会——中国第四纪研究委员会全新世分委员会。由刘东生先生任主任，徐仁、周廷儒、贾兰坡、安志敏先生任副主任，周昆叔先生任秘书长，还有其他若干委员。1981 年 3 月 4 日召开了全新世分会第一次工作会议，刘东生先生在会上指出我国全新世研究应以地层年代学为主，并指出，全新世地层学是否可以考虑结合文化层研究，如果是这样，不但对我国，而且对邻国也会产生影响。周廷儒先生则谈到，若在地貌图上注出人类遗址将有重要意义。这些为促进我国第四纪研究，特别是对全新世研究有重要意义，也启迪了笔者后来从事环境考古研究。

②三大环境因素

主要有三大环境因素影响我国。一是纬度控制。这在东部平原、低山、丘陵区表现尤明显，以致我国自北向南可以分出亚寒带、温带、亚热带和热带气候。二是地形影响。由于我国西部自第三纪后期隆起成4000米以上的青藏高原，这样不但在我国形成不受纬度控制的特殊青藏高原气候区域，而且形成自青藏高原至太平洋岛弧之间的三级地貌阶梯格局，还致使我国黄河、长江几大主要河流由西向东流和一些山区有垂直自然带的分异。三是海洋水汽和季风驱动作用。我国东部濒临太平洋，漫长的海岸线和广阔海域的海洋气候，尤其是季风的形成，对大陆产生深刻影响。上述这些因素，致使我国环境既特殊、复杂，又统一。这些深刻影响了我国气候分区、地层结构、动植物分布、人类演化和文化发展特征的形成。

③气候旱化

250万年以来我国气候总的变化是趋于旱化。这从我国广泛分布反映干旱环境的黄土中可见一斑。我国的黄土从甘陕间黄土高原中心由老至新向东南扩展。早更新统的午城黄土基本上分布在吕梁山以西。离石黄土下部分布到太行山以西。离石黄土上部则可达郑州和太行山东麓。马兰黄土则可以越过长江到湘江流域的澧水。甚至桂林市郊甑皮岩洞穴遗址新石器早期文化层下伏的黄土也可能是马兰期的沉积物。与马兰黄土大致同期的下蜀黄土，广泛分布于长沙下游与江浙丘陵。作为干旱和半干旱环境下形成的黄土，其面积逐步扩大，厚度由几十米增加到 100 米至 400 米以上。这就说明我国第四纪古气候总的趋势是在逐渐旱化。这种旱化的主要动力是由于青藏高原隆升。它逐渐发挥阻挡影响我国湿润的西南季风和印度洋季风作用，造成青藏高原以北气候更加干旱化，促使这里戈壁和沙漠扩大，从而在蒙古高压形成的西北风吹扬作用下，将戈壁、沙漠一年一度形成的尘埃搬运到黄土高原及其以外沉积下来。第四纪旱化不仅表现在黄土分布面积的扩大和厚度的增加上，而且在生物上也有表现。如对洛川黑木沟黄土剖面的孢粉分析，自下至上可以分成 Ⅰ—Ⅵ 六个孢粉带，在 Ⅰ、Ⅱ 带的午城黄土中除经常见到蒿（*Atemisia*）、禾本科（Gramineae）等旱生草本花粉和温带树木花粉外，还可以见到亚热带植物的成分，有山毛榉属（*Fagus*）、山核桃属（*Carya*）、山矾属（*Symplocos*）、里白属（*Hicriopteris*）等，而到 Ⅲ—Ⅵ 带的离石黄土与马兰黄土中蒿、禾本科花粉大增，仅见亚热带个别的山矾属或枫香属（*Liquidambar*）花粉[56]。脊椎动物化石也表现出午城黄土中还含喜暖湿的成分，如桑氏水獭（*Lutra licenti*）、纳玛象（*Elephas namadicus*）中国犀（*Rhinoceros sinensis*）等，而离石黄土与马兰黄土中不含这些喜暖湿的亚热带脊椎动物化石[57]。

④气候波动

我国第四纪气候变化另一个重要特点就是波动。黄土中含若干层褐红色古土壤。兹以洛川黑木沟 130 米的黄土为例，中更新世离石黄土中含十四层古土壤，早更新世午城黄土中含三个较密集的古土壤组合。褐红色古土壤层反映暖湿的环境，而

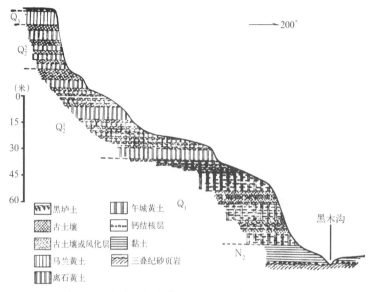

图一三　洛川黑木沟黄土剖面（刘东生，1984 年）

夹古土壤的黄土代表凉干或冷干环境。黄土与古土壤系列有规律的旋回变化，反映古气候冷干与暖湿的交替变化。这些变化是由于冷期高纬地区冰层扩展，导致冷高压增强。而夏季风强度减弱，干冷气候长期控制沙漠与黄土高原。在这样的环境背景下，沙漠地区风蚀作用加强，黄土搬动通量增加，黄土堆积。暖期冰川消退，冷高压降低，而夏季风增强，沙漠风蚀作用降低，黄土搬运通量减少，土壤化作用加强，古土壤形成（图一三）[58]。

我国第四纪气候的波动特点在孢粉分析结果中也明显表现出来，举华北第四纪植被演替为例，笔者根据该区第四纪孢粉分析的结果，发现暖期与冷期交替演变的情况（图一四）[59]。

冷期：暗针叶林发育（即云杉、冷杉林，或云杉、冷杉、

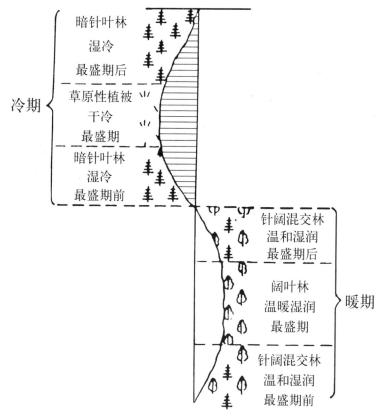

图一四　华北第四纪气候演变及植被演替关系图

松林，或含云杉、冷杉、松的针阔混交林。冷期最盛期前，气候湿冷）→草原性植被（蒿、菊、藜与禾草植物花粉较多，有时表现为花粉贫乏。冷期最盛期，气候干冷）→暗针叶林发育（冷杉、云杉发育，但较前暗针叶林发育阶段含稍多一点阔叶树种的花粉。冷期最盛期后，气候湿冷）。

暖期：针阔混交林（暖期最盛期前，温和湿润）→阔叶林（暖期盛期，温暖湿润）→针阔混交林（暖期最盛期后，温和湿润）。

根据华北第四纪植被演替上述基本规律，总结华北第四纪植被演替情况，早更新世、中更新世和晚更新世上、下各一个冷期夹一个暖期，加上全新世暖期，华北区第四纪可以划分出十个气候期，含六个冷期和四个暖期，并且与冰期做了对比（表五）[60]。

因此，中国第四纪植被演替也反映气候波动变化的特点。在这些古气候波动中，笔者等发现云杉、冷杉孢粉组合反映冷湿气候，云杉、冷杉垂直迁移达 1500—2000 米。我国第四纪孢粉分析揭示了我国第四纪古气候有过冷湿变化的特点[61]。

对我国第四纪古脊椎动物的研究也反映有气候的波动[62]。据对我国东北晚更新世晚期广泛分布猛犸象（*Mammuthus*）的地层沉积物与骨骼六个碳十四测年数据的统计，其中有五个数据（距今约 21200 年、距今约 26100 年、距今约 26740 年、距今约 26560 年、距今约 35370 年）是在距今约 35000—21000 年，只有一个数据为距今约 13000 年，在距今 18000 年左右的时期未发现猛犸象[63]。猛犸象是一种喜湿冷的大型动物，在我国分布时间与笔者研究我国北方河谷平原区三万年来植被史[64]反映的古生态环境大致相符。即距今 30000—22000 年云杉、冷杉、松和桦林繁茂阶段，系末次冰期盛冰期前长达八千年的典型湿冷时期，适于猛犸象生存，也是猛犸象分布最多的时期。距今 22000—13000 年，草原阶段，系末次冰期的盛冰期，气候干冷，该期因不适合猛犸象生存而未发现化石。距今 13000—11000 年云杉、冷杉、松和桦再度繁盛阶段，系末次冰期后二千年非典型湿冷时期，猛犸象虽再度出现，但为数较距今 30000—22000

表五　　华北区第四纪植被演替与气候期划分表

距今年龄 ×10^6 a	时代	华北地区气候期	孢　粉　组　合	古植被	古气候	中国	阿尔卑斯	北美
	全新世 Q4 晚 Q4³	辽南暖期	*Pinus*, 或 *Betula*, 或 *Pinus* 与 *Betula*, *Artemisia*, Chenopodiaceae, Gramineae.	森林草原	凉较干			
0.0025 —	中 Q4²		*Pinus*, *Quercus*, *Ulmus*, *Tilia*, *Artemisia*, Chenopodiaceae. 在京、津偶有 *Ceratopteris*, 在冀南有 *Fagus*, *Liquidambar*.	落叶阔叶林 森林草原	温暖湿润	冰后期	冰后期	冰后期
0.0075 —	早 Q4¹		*Pinus* 或 *Betula*, *Artemisia*, Chenopodiaceae, Gramineae.	森林草原	温和较湿 较冷较干			
0.011 —	晚更新世 Q3 晚 Q3³	北京冷期	*Picea*, *Abies*, *Pinus*. *Artemisia*, Chenopodiaceae, Gramineae. *Picea*, *Abies*, *Pinus*.	暗针叶林 草原性植被 暗针叶林	湿冷 干冷 湿冷	大理冰期	武木冰期	威斯康辛冰期
0.07 —	中 Q3²	Z 暖期	?	?	温暖湿润（推测）	庐山—大里斯—武 理间冰期		桑加期 间冰期
0.1 —	早 Q3¹	Y 冷期	*Picea*, *Abies*, *Pinus*. *Artemisia*, Chenopodiaceae, Gramineae. (许家窑)	暗针叶林 草原性植被 ?	湿冷 干冷 ?	庐山冰期 里斯冰期		伊丽诺斯冰期

续表五

距今年龄 ×10⁶a	时　代	华北地区气候期	孢　粉　组　合	古植被	古气候	与冰期对比（中国）	阿尔卑斯	北美
0.15 — 0.72 —	中更新世 晚 Q₂³	周口店暖期	Pinus, Quercus, Ulmus, Tilia, Celtis, Alnus, Carpinus, Cupressaceae, Betula, Pistacia, Symplocos.	针阔混交林 阔叶林 针阔混交林	温和湿润 温暖湿润 温和湿润	大姑—庐山间冰期	民德—里斯间冰期	雅茅茨间冰期
	中更新世 中 Q₂²	X 冷期	?	?	冷 （推测）	大姑冰期	民德冰期	堪萨斯冰期
	早 Q₂¹	W 暖期	Pinus, Quercus, Ulmus, Celtis, Broussonetia Rosa（公王岭）	针阔混交林	温和湿润	鄱阳—大姑间冰期	民德间冰期	阿夫东间冰期
1.0	早更新世 晚 Q₁³	V 冷期	Picea, Abies（张家坡）	暗针叶林	湿冷	鄱阳冰期	恭兹间冰期	内部拉斯冰期
	中 Q₁²	张家坡暖期	Ulmus, Celtis, Pinus, Abies, Picea. Quercus, Ulmus, Podocarpus, Carya, Corylosis. Pinus, Picea, Abies, Ulmus, Celtis.	针阔混交林 阔叶林 针阔混交林	温和湿润 温暖湿润 温和湿润		多瑙—恭兹间冰期	
3.00	早更新世 早 Q₁¹	南沟冷期	Picea, Abies, Pinus. Artemisia, Chenopodiaceae. Abies, Picea.	暗针叶林 草原性植被 暗针叶林	湿冷 干冷 湿冷		多瑙冰期	

年间少多了。所以，从动植物方面都反映我国距今 30000—11000 年间有湿冷→干冷→湿冷三次气候明显波动变化。

全新世气候冷暖波动，已于前述全新世地层部分介绍笔者等做孢粉分析结果得以说明。这里要特别以竺可桢先生于 20 世纪 70 年代发表的著名论文《中国近五千年来气候变迁的初步研究》来做进一步说明。竺可桢先生主要以物候学为根据论证了我国五千年来的气候变化规律。他得出的主要结论是，五千年中的最初二千年，即从仰韶文化到安阳殷墟，大部分时间的年平均温度高于现在 2℃ 左右。一月温度大约比现在高 3℃—5℃。此后，有一系列的摆动，其最低温度在公元前 1000 年、公元 400 年、公元 1200 年和公元 1700 年，摆动范围为 1℃—2℃。在每一个四百至八百年的时间里，可以分出五十至一百年周期的小循环，温度范围是 0.5℃—1℃。我国气候在历史时代的波动与世界其他区域比较，可以明显看出，气候的波动是世界性的，虽然最冷年和最暖年可以在不同的年代，但彼此是先后呼应的（图一五）[65]。

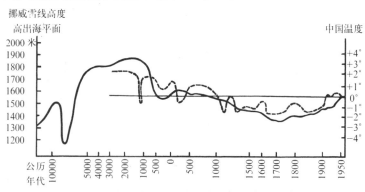

图一五　一万年来挪威雪线高度与五千年来中国温度变迁图

（竺可桢，1973 年）实线：挪威雪线高度　虚线：中国温度

　　我国 1949—1987 年三十多年间第四纪环境演变的研究取得重要进展，证明我国第四纪气候变化总趋势是越来越干旱的，但并非直线变化，而是曲线变化，即这一期间有不同时间尺度和强度冷、暖、干、湿的气候旋回变化，其变化有波动特点。

　　综上所述，1949 年至 1987 年的三十八年间，我国考古学的类型、地层年代与谱系研究等重要成就和我国第四纪地质学的建立与走向成熟，为我国考古学与地学结合而孕育的环境考古学创造了条件。我国环境考古学已蓄势待发。

注　释

[1] 贾兰坡《中国旧石器时代考古》，《中国大百科全书·考古学》，中国大百科全书出版社 1986 年版；裴文中《中国旧石器时代的文化》，《中国人类化石的发现与研究》，科学出版社 1955 年版；贾兰坡《中国的旧石器时代》，《科学》1982 年第 7 期；吴汝康、吴新智、张森水主编《中国远古人类》，科学出版社 1989 年版；高星、侯亚梅主编《中国科学院古脊椎动物与古人类研究所 20 世纪旧石器时代考古学研究》，文物出版社 2002 年版；朱乃诚《半个世纪以来的中国史前史研究（上篇）》，《东南文化》1998 年第 3 期。

[2] 贾兰坡《中国旧石器时代考古》，《中国大百科全书·考古学》，中国大百科全书出版社 1986 年版；裴文中《中国旧石器时代的文化》，《中国人类化石的发现与研究》，科学出版社 1955 年版；贾兰坡《中国的旧石器时代》，《科学》1982 年第 7 期；吴汝康、吴新智、张森水主编《中国远古人类》，科学出版社 1989 年版；高星、侯亚梅主编《中国科学院古脊椎动物与古人类研究所 20 世纪旧石器时代考古学研究》，文物出版社 2002 年版。

[3] 朱乃诚《半个世纪以来的中国史前史研究（上篇）》，《东南文化》1998 年第 3 期。

[4] 同 [3]。

[5] 辽宁省博物馆、本溪市博物馆《庙后山》，文物出版社 1986 年版。

[6] 裴文中《中国原始人类的生活环境》，《古脊椎动物与古人类》第 2 卷第 1 期（1960 年）；徐仁《中国猿人时代的北京气候环境》，《中国第四纪研究》

第 4 卷第 1 期（1965 年）；孙孟蓉《周口店中国猿人化石层的孢子花粉组合》，《中国第四纪研究》第 4 卷第 1 期（1965 年）；吴汝康等《北京猿人遗址综合研究》，科学出版社 1985 年版。

[7] 中国科学院古脊椎动物与古人类研究所《陕西蓝田新生界现场会议论文集》，科学出版社 1966 年版。

[8] 同［7］。

[9] 同［7］。

[10] 钱方、周国兴《元谋第四纪地质与古人类》，科学出版社 1991 年版。

[11] 裴文中《史前考古学基础》，《裴文中史前考古学论文集》，文物出版社 1987 年版；裴文中《中国的旧石器时代文化》，《裴文中史前考古学论文集》，文物出版社 1987 年版。

[12] 贾兰坡《旧石器的研究对更新统地层划分的作用》，《中国第四纪研究》第 1 卷第 1 期（1958 年）；贾兰坡、卫奇《建议用古人类学和考古学的成果建立我国第四纪的标准剖面》，《地质学报》第 56 卷第 3 期（1982 年）。

[13] 黄慰文《中国旧石器文化序列的地层学基础》，《人类学学报》第 19 卷第 4 期（2000 年）。

[14] 安志敏《中国新石器时代考古》，《中国大百科全书·考古学》，中国大百科全书出版社 1986 年版。

[15] 朱乃诚《半个世纪以来的中国史前史研究（下篇）》，《东南文化》1998 年第 4 期；任式楠《中国新石器时代考古发展历程》，《任式楠文集》，上海辞书出版社 2005 年版。

[16] 朱乃诚《半个世纪以来的中国史前史研究（下篇）》，《东南文化》1998 年第 4 期。

[17] 同［16］。

[18] 同［16］。

[19] 同［16］。

[20] 安志敏《中国新石器时代农业》，《中国大百科全书·考古学》，中国大百科全书出版社 1986 年版。

[21] 杨鸿勋《中国新石器时代建筑》，《中国大百科全书·考古学》，中国大百科全书出版社 1986 年版。

[22] 周本雄《中国新石器时代的家畜》，《中国大百科全书·考古学》，中国大百科全书出版社 1986 年版。

[23] 夏鼐《新中国的考古发现和研究·前言》，《新中国的考古发现和研究》，文

物出版社 1984 年版。

[24] 中国科学院考古研究所、半坡博物馆《西安半坡——原始氏族社会聚落遗址》，文物出版社 1963 年版。

[25] 周昆叔《西安半坡新石器时代遗址的孢粉分析》，《考古》1963 年第 9 期。

[26] 同 [24]。

[27] 周昆叔、叶永英、严富华《察右中旗大义发家泉村细石器文化遗址花粉分析》，《考古》1975 年第 1 期。

[28] 周昆叔、严富华、叶永英《花粉分析法及其在考古学中的运用》，《考古》1975 年第 1 期；周昆叔、严富华《花粉分析与考古学》，《考古工作手册》，文物出版社 1982 年版。

[29] 王开发、张玉兰等《崧泽遗址孢粉分析研究》，《考古学报》1980 年第 1 期；王开发、张玉兰《上海金山亭林遗址孢粉组合及其古地理》，《中国地理学会 1977 年地貌学术讨论会文集》，科学出版社 1981 年版；王开发《常州纡墩遗址孢粉组合及其古环境》，《历史地理》（第三辑），上海人民出版社 1983 年版；王开发、张玉兰、蒋辉《江苏唯亭草鞋山遗址孢粉组合及其古地理》，《第四纪孢粉分析与古环境》，科学出版社 1984 年版；王开发《陕西临潼姜寨遗址文化层的孢粉分析》，《考古与文物》1985 年第 2 期；王开发、蒋新禾《浙江罗家角遗址孢粉研究》，《考古》1985 年第 12 期；孙湘君、杜乃秋、陈明洪《"河姆渡"先人生活时期的古植被、古气候》，《植物学报》第 23 卷第 2 期（1981 年）；严富华、麦学舜、叶永英《据花粉分析试论郑州大河村遗址的地质时代和形成环境》，《地震地质》1986 年第 1 期；孔昭宸、杜乃秋《内蒙古自治区几个考古地点的孢粉分析在古植被和古气候上的意义》，《植物生态学与地植物学丛刊》第 5 卷第 3 期（1981 年）；黄赐璇《江苏青墩古人类生活时期的地理环境》，《地理学报》第 39 卷第 1 期（1984 年）。

[30] 王开发、张玉兰、蒋辉《江苏唯亭草鞋山遗址孢粉组合及其古地理》，《第四纪孢粉分析与古环境》，科学出版社 1984 年版。

[31] 孙湘君、杜乃秋、陈明洪《"河姆渡"先人生活时期的古植被、古气候》，《植物学报》第 23 卷第 2 期（1981 年）。

[32] 严富华、麦学舜、叶永英《据花粉分析试论郑州大河村遗址的地质时代和形成环境》，《地震地质》1986 年第 1 期。

[33] 蔡莲珍、仇士华《碳十三测定古代食谱研究》，《考古》1984 年第 10 期。

[34] 严文明《纪念仰韶村遗址发现六十五周年——1985 年 11 月 10 日在纪念仰

韶村遗址发现六十五周年学术讨论会上的发言》,《仰韶文化研究》,文物出版社 1989 年版。

[35] 尹赞勋《中国第四纪研究委员会成立大会上的开幕词》,《中国第四纪研究》第 1 卷第 1 期（1958 年）。

[36] 刘东生、张宗枯《中国的黄土》,《地质学报》第 42 卷第 2 期（1962 年）。

[37] 同 [36]。刘东生等《黄土与环境》,科学出版社 1985 年版；Liu Tungsheng and Yuan Baoyin, paleoclimatic Cycle in Northerm China (Luochuan loess Section and Its Environmental Implications), Aspects of Loess Research, China Ocean Press, 1987.

[38] 刘东生《黄河中游山西、陕西一带黄土的初步观察》,《中国第四纪研究》第 1 卷第 1 期（1958 年）。

[39] 刘东生等《中国的黄土堆积》,科学出版社 1965 年版。

[40] 同 [39]。

[41] Liu Tungsheng and Yuan Baoyin, paleoclimatic Cycle in Northerm China (Luochuan loess Section and Its Environmental Implications), Aspects of Loess Research, China Ocean Press, 1987.

[42] 郑洪汉《黄河中游全新世黄土》,《地球化学》1984 年第 3 期。

[43] 同 [36]。

[44] Zhou kunshu, Preliminary Study on Formation of Holocene Peat in Northern China, Marine & Quaternary Geology, 1985. Vol. 5, No. 4；柴岫《泥炭地学》,地质出版社 1990 年版。

[45] 周昆叔《对北京市附近两个埋藏泥炭沼的调查及其孢粉分析》,《中国第四纪研究》第 4 卷第 1 期（1965 年）。

[46] 刘金陵、李文漪、孙孟蓉、刘牧灵《燕山南麓泥炭的孢粉组合》,《中国第四纪研究》第 4 卷第 1 期（1965 年）。

[47] 周昆叔、陈硕民、叶永英、梁秀龙《吉林省敦化地区沼泽调查及其花粉分析》,《地质科学》1977 年第 2 期；周昆叔、陈硕民、陈承惠、叶永英、梁秀龙《中国北方全新统花粉分析与古环境》,《第四纪孢粉分析与古环境》,科学出版社 1984 年版。

[48] 周昆叔、黎兴国、邵亚军《内蒙古萨拉乌苏河流域冰缘期划分及其意义》,《史前地震与第四纪地质文集》,陕西科学技术出版社 1982 年版。

[49] 裴文中《中国原始人类的生活环境》,《古脊椎动物与古人类》第 2 卷第 1 期（1960 年）。

［50］周昆叔、梁秀龙、严富华、叶永英《从泥河湾层花粉分析谈南沟冷期等问题》，《地质科学》1983 年第 1 期。

［51］中国第四纪研究委员会《中国第四纪研究委员会 1957—1959 年工作纲要》，《中国第四纪研究》第 1 卷第 1 期（1958 年）。

［52］同［45］。

［53］周昆叔、梁秀龙、叶永英、王文琳《山西离石王家沟陈家崖老黄土埋藏土壤中的孢粉及植物残体》，《中国第四纪研究》第 3 卷第 1 期（1960 年）。

［54］同［46］。

［55］第一次全国 14C 学术会议文集编辑小组《第一次全国 14C 学术会议文集》，科学出版社 1984 年版。

［56］刘东生等《黄土与环境》，科学出版社 1985 年版。

［57］同［56］。

［58］同［56］。

［59］周昆叔《华北区第四纪植被演替与气候变化》，《地质科学》1984 年第 2 期。

［60］同［59］。

［61］周昆叔、严富华、梁秀龙、叶永英《北京平原第四纪晚期花粉分析及其意义》，《地质科学》1978 年第 1 期；徐仁、孔昭宸、杜乃秋《中国更新世云杉——冷杉植物群及其在第四纪研究上的意义》，《中国第四纪研究》第 5 卷第 1 期（1980 年）；周昆叔《中国北方河谷平原区三万年来植被史》，《第一次全国 14C 学术会议文集》，科学出版社 1984 年版；周昆叔、李文漪、孔昭宸《我国第四纪孢粉分析的主要收获》，《第四纪孢粉分析与古环境》，科学出版社 1984 年版；周昆叔《距今两万至三万年间中国北方河谷、平原区云杉、冷杉植被分布的意义》，《第四纪孢粉分析与古环境》，科学出版社 1984 年版。

［62］同［49］；祁国琴《中国北方第四纪哺乳动物群兼论原始人类的生活环境》，吴汝康、吴新、张森水主编《中国远古人类》，科学出版社 1989 年版；韩德芬、许春华《中国南方第四纪哺乳动物群兼论原始人类的生活环境》，吴汝康、吴新、张森水主编《中国远古人类》，科学出版社 1989 年版。

［63］刘东生、黎兴国《猛犸象在中国生存的时间及其分布上的意义》，《第一次全国 14C 学术会议文集》，科学出版社 1984 年版。

［64］周昆叔《距今两万至三万年间中国北方河谷、平原区云杉、冷杉植被分布的意义》，《第四纪孢粉分析与古环境》，科学出版社 1984 年版。

［65］竺可桢《中国近五千年来气候变迁的初步研究》，《中国科学》第 2 卷第 4 期（1973 年）。

三　环境考古拓展期（一九八七——二〇〇〇年）

（一）拓展过程

1985 年笔者受中国科学院地质研究所派遣到深圳蛇口，与英人经办的"三源古生物服务公司"合作研究南海油田一年。1986 年下半年在该公司工作期间，几次接到北京大学著名历史地理学家侯仁之教授来函，称北京市文物研究所在北京平谷县发现重要上宅新石器遗址[1]，邀笔者合作研究。于是，笔者在 1986 年 11 月完成在深圳蛇口古生物服务公司合作研究任务后返京，随即拜见侯仁之先生，商谈上宅遗址研究事宜，并决定先行踏勘。1987 年 1 月 9 日在北京大学地理系历史地理教研室的于希贤副教授、武弘麟讲师及平谷县文物管理所同志陪同下对上宅遗址进行了初次考察[2]。踏勘发现上宅遗址是先民把遗物抛弃在一黄土古冲沟中形成的，既有文化堆积，又有冲积物，层序清楚，适合做古环境研究，但到底如何研究仍是个问题。

1987 年 2 月 14 日在北京市交道口南大街府学胡同北京市文物事业管理局，由该局朱长龄副局长主持上宅遗址研讨会，侯仁之教授讲话后，由笔者汇报踏勘结果，随后在讨论中笔者提出以"环境考古"的思路开展此项研究，当即得到侯仁之先生首肯。侯仁之教授还提议成立"北京市文物古迹保护委员会环境考古分委员会"来推动上宅遗址研究工作，由侯先生任主任，笔者任副主任，此外还有其他若干委员。这就是我国成立的第一个地方环境考古学术团体。

为什么笔者要提出并力倡环境考古？一方面是由于 80 年代以来，全球环境问题越来越突出，在此情况下，地球环境科学发生了一个大的变化，由区域转向全球，提出全球环境变化研究，第四纪地质学与考古学结合是推动全球环境变化研究很好的途径。考古学的发展也迫切需要关注环境与文化关系的研究。上宅遗址的古环境研究不可能如过去仅运用某一古环境研究手段便可以完成，而需要从先民生存环境全方位地进行考察、分析、研究，方能达成目的，所以这就需要引进 60 年代国外展开的环境考古概念来进行工作。总之，环境考古的提出是科学、社会发展之需，是完成遗址研究任务的需要。另一方面由于我国第四纪地质学与考古的发展已具备了人才与物质条件，也有一定的科学积累，展开环境考古不仅有需要，而且有可能。

在国家自然科学基金局、国家文物局及其下属单位、中国历史博物馆及各地方博物馆、中国科学院有关研究所和大专院校大力支持、参与、合作下，环境考古工作由上宅遗址扩展到平谷盆地、北京地区[3]，再扩展到河北平原、黄河中下游，进而推向全国[4]。

1989 年，笔者等在关中盆地考察途中与陕西省考古研究所所长巩启明先生商及召开一次全国环境考古学术研讨会之事，达成共识后随即展开筹办工作。1990 年 10 月 21 至 10 月 24 日在中国考古学会、中国第四纪研究委员会、中国古生物学会、中国科学院地质研究所、中国历史博物馆、陕西省考古研究所、中国科学院西安黄土与第四纪研究室发起下，在陕西省考古研究所承办下，在西安市临潼召开了"中国环境考古学术讨论会"。这是我国首次召开全国环境考古学术会议。

1991 年，周昆叔、巩启明主编出版《环境考古研究》第一辑[5]，环境考古成为我国科学百花园中的一朵新花，成为中国环境考古科学发展最初的里程碑，也是 20 世纪末中国考古学走综合研究道路重要标志之一。

1993 年底至 1995 年间，在刘东生先生的提议和指导下，得到国家有关部门批准，成立了周昆叔先生任主任的"中国第四纪研究委员会环境考古专业委员会"，从此我国环境考古走向有领导、有组织、有计划的发展阶段。

1994 年 9 月 24 日至 9 月 28 日，在中国第四纪研究委员会环境考古专业委员会、中国科学院地质研究所、中国历史博物馆、河南省文物考古研究所、洛阳市文物工作队发起下，在洛阳市文物工作队承办下召开了"中国第二届环境考古学术讨论会"。这是踏入环境考古科学之宫的会议。会前和会议期间，对青年环境考古学家提供的论文进行了评选，水涛、杨志荣、顾海滨、燕生东（第二作者孙波）几位同志分别获奖。

1995 年后结合三峡、小浪底水库建设和南水北调中线工程的设计相继展开了环境考古调查与研究，在渑池班村遗址、洛阳皂角树遗址开展环境考古试点研究，并取得成果[6]。

1998 年宋豫秦博士主笔的《驻马店杨庄》考古学发掘报告出版[7]。这是中国将人类生存古环境与遗迹、遗物一同研究的首本考古学发掘报告。为此，中国第四纪研究委员会环境考古专业委员会召开了专门庆贺座谈会，与会者肯定了这一重要成果和环境考古研究方向。该书得到好评[8]。中国社会科学院考古研究所邵望平教授书评中认为《驻马店杨庄》发掘报告为田野考古树立起了一面旗帜，在旗帜上写着挖掘环境信息，探索人地关系，为中国考古带来了一股新风。该书获得夏鼐考古学研究成果奖。

1999 年，是 20 世纪末中国环境考古非常值得庆幸的一年，因为这一年出版了袁靖博士主笔的《胶东半岛贝丘遗址环境考古》[9]。这是我国第一本区域环境考古专著。张居中教授主笔的《舞阳贾湖》出版[10]。这是一本包括人类生存环境内容，综合研究程度较高的考古学发掘报告。张敏研究员主笔的《龙虬庄》问世[11]。这是首本含较丰富淮河下游环境考古内容的考古学发掘报告。他们将文化遗迹、遗物与自然遗物土壤、人骨、植物、动物等合并研究，即将人类文化创造及其相关的环境信息同视为遗存加以研究。上述四本有关环境考古的专著与考古学发掘报告出版，阐述了古人类生存环境与文化创造，还论述了环境变化引起人类行为的改变与文化变化。此外，笔者应灵宝市阳平镇之邀，根据对灵宝盆地地质、地貌、景观与古今文化关系的考察，写了《铸鼎原觅古》一书[12]。

2001 年 1 月 6 日，由中国第四纪研究委员会环境考古专业委员会在京召开了"迎新世纪，携手发展环境考古"座谈会，承刘东生、严文明等多位先生出席，表达了环境考古学界在新世纪齐心努力发展我国环境考古的决心与信心（图一六）。

2000 年，周昆叔、宋豫秦先生主编出版了《环境考古研究》第二辑[13]。这是我国环境考古深入发展的又一成果。2001 年，水涛教授出版《中国西北青铜时代考古论集》[14]，该书较好地从环境考古角度论述了我国西北地区的青铜时代。2002 年是我国环境考古又一个丰收年，以叶万松研究员和笔者

图一六　2001 年 1 月 6 日在北京举行"迎新世纪，
携手发展环境考古"座谈会合影

前排左起：刘嘉麟、严文明、周昆叔、刘东生、仇士华、高崇文　后排左起：莫
多闻、吴文祥、孔昭宸、王守春、袁靖、张广如、宋豫秦、武弘麟、孙秀丽

主笔的《洛阳皂角树》考古学发掘报告出版[15]。这是我国环
境考古从黄河中下游面上考察转到点上研究的成果。这同时也
是我国首次在一个长达 100 米的剖面上清楚地揭示出全新世周
原黄土的褐红色古土壤、褐色古土壤、新近黄土分别与二里
头、东周和汉、唐宋文化层有打破、叠压与对比关系。这是皂
角树遗址发掘最重要的收获。在二里头文化层中发现有粟、
黍、稻、小麦、大豆五谷。北京大学教授严文明先生在《洛
阳皂角树》出版座谈会上谈到，像皂角树这样小的遗址发掘

一般只写一个发掘简报，现在居然出了一本书，可见过去大遗址发掘丢掉了好些东西。中国社会科学院考古研究所副所长王巍教授在座谈会上谈到《洛阳皂角树》发掘报告的出版，是考古学与自然科学结合由接触到融合的转变[16]。复旦大学陈淳教授书评中写道，《洛阳皂角树》是环境考古典范[17]。宋建博士主笔的《马桥——1993—1997 年发掘报告》[18]，在中国首次较全面揭示了生活在古沙堤上古聚落的环境、生活与文化创造。笔者所著《花粉分析与环境考古》[19]，是笔者从事四十六年花粉分析与环境考古科研工作的论文选集。

在此期间，不同报纸、刊物中还刊出环境考古论文数百篇，活跃了学术交流。四期《环境考古通讯》先后出版，推动了环境考古展开。夏正楷、吴建民、朱诚、汤卓炜、王青、蔡保全等教授在北京大学、南京大学、吉林大学、山东大学和厦门大学开设了《环境考古学》课程。这是培养高素质考古学人才的创举。我们还注意与国外合作研究，例如与北美地质考古学术带头人美国明尼苏达大学拉普（G. Rapp）教授成功的合作。我国派往美国跟随拉普教授学习的荆志淳博士起到了重要的桥梁作用。1991 年拉普教授应笔者出版《环境考古》（内刊）之邀写了《环境考古学的时代已经来临》一文，他谈到，在今后的十年里环境考古学将在中国考古研究中起到重要的作用。

（二）区域环境考古

1. 华北区

华北区包括黄淮海流域的华北大平原、山东省、关中盆地等地理单元。这里依山傍海，沃野千里。有第三纪之初开始堆积的巨厚河湖相、海陆交互相沉积所形成的华北大平原。此处气候处温带与亚热带之交，历为人类聚居之所，为逐鹿中原、问鼎中原之区，也是形成中华民族文化的主干与核心之地。

（1）海河流域

①北京地区

1996 年在北京城中东方广场施工中发现的旧石器晚期遗址，是古人在北京平原上一条古河流边生活的一处临时营地，引起广泛关注。根据吴玉书教授的研究，下文化层（层底年龄距今 25000 年）处在距今 30000—23000 年的冷湿环境下，期间云杉（Picea）、冷杉（Abies）花粉含量可达 38.6%。上文化层（层底年龄距今 19000 年）处在距今 23000—10000 年的干冷环境下，期间耐旱的蒿、藜等小灌木与草本植物花粉占优势，一般占 90% 以上[20]。

到距今约 10000 年的新石器时代，人类已从山洞走到华北平原上。从北京环境考古图上可以看出（图一七）[21]，北京的西北为山地，东南为平原。平原地貌是由永定河和潮白河分割成三大块黄土与黄土状土二级台地。西南为良乡——房山台地，三块台地中这块最小，且被太行山流出的多条河流所切割，比较零碎。北部至中部为昌平——北京城台地，这块最大。东为杨各庄——平谷台地，在这里，潮白河东岸与平谷盆地连成一片。这些台地上分布的马兰黄土或马兰期黄土，奠定于晚更新世，一般高出河面约 10 米。考其新石器时代至商周遗址多分布在这三块台地上。

良乡——房山台地上，在拒马河出太行山的北支南岸二级阶地上，分布有新石器时代早、中期和商代的镇江营遗址。在大石河（古称圣水）北岸二级台地上分布有大面积的商、周琉

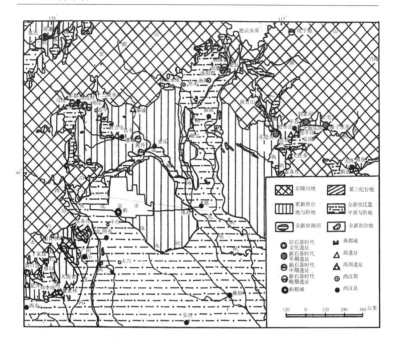

图一七　北京环境考古图

璃河遗址，此为燕古都城址。

　　昌平——北京城台地上，在南口沟的北侧马兰黄土台上有距今6000—4000年的新石器时代中、晚期和商代的雪山遗址。在永定河的东岸台地西南隅的莲花池一带分布有商、周时的蓟古都遗址。

　　杨各庄——平谷台地上，在洵河从燕山入平谷盆地的北侧二级台地上分布有新石器时代中期的上宅遗址，同类型的遗址还有在洵河出盆地处分布的孟各庄遗址和洵河支流泃河岸边的北埝头遗址。

　　战国至秦设郡县，如渔阳郡。到公元前207—8年的西汉，开始在北京城南的泛滥平原东和平原东北一级阶地上设渔阳郡和西乡、广阳、阴乡、路、雍奴、安次、狐奴等县。总之，从战国到秦汉，郡、县址开始从二级台地逐渐转向靠近河床的低谷。

为什么战国以前的遗址都是分布在二级台地上？因那时正值全新世中期，气候暖湿，今之二级台地实为当时的一级台地，故新石器时代至商、周遗址分布于上，直到距今 3000 年前之后，特别是距今 2500 年以来，由于气候变凉干，河流下切，那时河漫滩和泛滥地被疏干，露出而成一级阶地和泛滥平原。这时已能允许人类在其上活动，故有秦汉郡、县在其上的设立。

又考其新石器时代的文化，在北京平原三块黄土或黄土状土二级台地上各有差异。在东部杨各庄——平谷台地上有具之字纹的深腹罐、鸟首形陶镂孔器（支架形器）遗物为代表的上宅文化。在西北部昌平——北京城台地上的新石器中、晚期雪山遗址中却产带双大耳的陶罐。在西南良乡——房山台地上的镇江营遗址新石器时代早期产盂，新石器时代中期产釜形鼎。同在一块不算太大的北京平原上，各方所产新石器时代器物的差异，代表了当时的文化区别，既具地方特色，又分别与东北、内蒙和中原有某些联系。这里既看到永定河与潮白河在北京原始文化交流上所产生的阻碍作用，也看到当时的文化已与外界交流，早在新石器时代北京地区就汇集了祖国东北、西北和中原的文化，并与地方文化整合而成具北京地方色彩的镇江营、上宅、雪山等文化。这里让我们看到了北京由于它地理位置上具与东北、西北和中原相连的枢纽作用。有利的地形条件，使其能接纳祖国多方人民的智慧，终能成为长期定国安邦之所就是顺理成章的事了[22]。

②徐水地区

河北平原的徐水地区（图一八）为源出太行山的易水流经之地，昔为燕下都辖区。世传燕太子丹遣荆轲刺秦王这一著名历史故事发生地，就在燕、赵分界处。战国时曾沿南易水（今瀑河）筑长城，后为辽宋分界。南易水出太行山，在其冲积扇上筑遂城，古为兵家必争之地。今日此区是无垠的大平原，何以能成国界，值得兵家刀戈相见，历少深究。据北京大

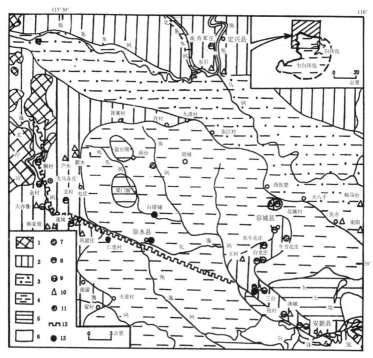

图一八　河北徐水地区环境考古图

1. 山地　2. 二级台地与阶地　3. 冲积平原　4. 中全新世古白洋淀　5. 晚全新世古白洋淀　6. 白洋淀　7. 新石器早期遗址　8. 仰韶文化遗址　9. 龙山文化遗址　10. 商周遗址　11. 战国遗址　12. 战国长城　13. 汉以后遗址

学研究生沈勇等考古调查，在徐水县城西北约 10 公里的南庄头埋深 2.4 米的湖沼地层中发现新石器早期遗址，距今约 10000 年[23]。新石器中期至战国的遗址密集分布在太行山前和安新至容城一带高岗地上，两地先商文化有差异。为什么新石器早期遗址在平原中分布，新石器中期以后他们的后裔会转移到太行山前和安新至容城一带？又西部太行山前与其相距不过 20—30 公里的东部安新至容城一带现今为坦荡的平原，何以二地先商时文化产生差异？这些都耐人寻思。

经考察发现，新石器时代中期至距今 3500 年前，古白洋淀湖区曾扩展到太行山前。这里大小湖泊星罗棋布，相连相隔，距太行山只有 3—4 公里。因此，在新石器时代早期居住在南庄头等处平原上先人的后裔不得不转移到太行山前的古白洋淀西岸，或转移到古白洋淀的岛屿上，即今安新到容城一带。此时太行山东麓，西倚高耸的太行山，东临互连互不连的星罗棋布湖泊，在太行山与古白洋淀湖群之间形成一条太行山麓南北狭窄通道。这就成了一个地势险要的关隘，所以能成为燕、赵古国之分界。处在咽喉要冲之地的遂城也自然成为兵家必争之地。尽管现在该区为平川沃野，然先商时，住在太行山麓的居民与居住在白洋淀安新和容城一带岛屿上的居民隔湖相望，彼此少交往，致使两地虽相距不远文化却有差异。距今 2500 年前以后，气候变干凉[24]，湖水东撤，但还残留有《水经注》记载的盐台陂、梁门津（陂）[25]，至今遂城东北干涸的盐台陂、梁门津（陂）的黑色湖泥沉积醒目地镶嵌在黄色沉积物中，易于识别。该地战国时仍痹湿，故战国时仍修长城于太行山至平原之上。到汉以后，太行山前居民才随湖水东撤，向平原进发。不过，据访 40 年代这里水仍很多，故辽宋时这里仍不失有两国分界作用。前面所述徐水一带古聚落迁移、古文化差异，以及何以在遂城兵戎相见、战国构筑长城和辽宋设置国界等问题，终随环境考古的研究迎刃而解。

③天津地区

天津地区，在距今约 6000 年的全新世中期，由于受海侵影响，形成宝坻——武清——沧州古海岸线，后来海退，到距今 4000 年前以后，海河以南形成贝壳堤平原，海河以北形成牡蛎礁平原[26]，由于受海退后贝壳堤、牡蛎礁出露排列形成正地形与负地形，在负地形中形成积水洼地，故此时"遗址、墓葬多呈条块状分布。发现于贝壳堤和牡蛎礁之上的古遗存年代，往往比贝壳堤或牡蛎礁的年代晚数百年或千余年"[27]。"距今 8000 年以来的天津先民活动，始终受到环境变迁的制约。距今 8000 年至距今 6000 年的文化遗存，仅存在于蓟县山前洪积冲积平原区。距今 5000 年到距今 4000 年的文化遗存，随着海退，分布到天津北部河流冲积平原区。西周文化遗存分布的南界，可达武清城上至宁河俵口一线。天津南部海积冲积平原上最早的遗存（巨葛庄鬲）不早于距今 2500 年。离海最近年龄最轻的上沽林贝壳堤上发现的遗存，只有 700 年左右。不难看出，文化遗存年龄越老的越靠近山脉，年龄越年轻的越靠近海洋。天津先民从山前向平原、沿海迁徙过程，与中晚全新世海退过程、环境变化过程相适应"[28]。从上述可见，海河下游海侵与海退对人类活动起了控制作用。

④其他地区

90 年代中国社会科学院考古研究所唐际根教授与美国明尼苏达大学 G . Rapp 教授、荆志淳教授合作研究殷墟，笔者应邀做了三个剖面的孢粉分析[29]，其中刘家屯剖面（图一九）

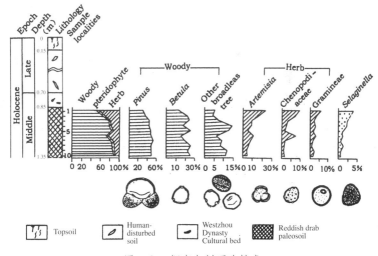

图一九　刘家屯剖面孢粉式

图二〇　姬家屯剖面孢粉式

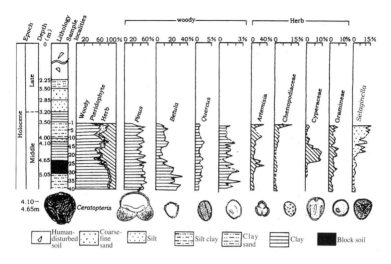

图二一 赵官屯剖面孢粉式

位于殷墟中心区，其孢粉分析结果不如殷墟外围姬家屯（图二〇）和赵官屯（图二一）剖面完整。分析结果说明安阳殷墟时代安阳盆地植被是含亚热带蕨类里白（*Hicriopteris*）的草原、森林草原，其中常见的植物有柳（*Salix*）、榆（*Ulmus*）、松（*Pinus*）、蒿（*Artemisia*）、紫菀（*Aster*）、菊（Compositae）、藜（Chenopodiaceae）、禾草（Gramineae）、石竹（Caryophyllaceae）、毛茛（Ranunculaceae）、蓼（*Polygonum*）等。周边丘陵与低山为偶含亚热带常绿栎（*Quercus*）和山核桃（*Carya*）的落叶阔叶林，常见的类型有松、栎、桤木（*Aluus*）、栗（*Castanea*）、胡桃（*Juglans*）、枫杨（*Pterocarya*）、榆（*Ulmus*）、椴（*Tilia*）等。太行山、太岳山有桦树林和少量暗针叶林，计有桦（*Betula*）、冷杉（*Abies*）、云杉（*Picea*）等。安阳盆地东边的华北平原多湖沼，其中生长有亚

热带水蕨（*Ceratopteris*），还有水生植物香蒲（*Typha*）、莎草
（*Carex*）。殷墟的人们生活在较今气温高 2℃—3℃ 和雨量较今
多 100—200 毫米的北亚热带北缘环境里。他们在安阳盆地耕
种的土壤是褐土向棕壤过渡的红褐色土，比较干爽，适于生
活、建筑与耕作。其东边华北平原上由于痹湿，形成黑色草甸
土或沼泽土，殷墟人避之居住。总之，殷墟处在洹河中游二级
阶地上，地势高爽，近水又无水患之虑。气候温暖，以黄土母
质形成的红褐色土，肥沃坦荡，利农垦。与太行山东麓冲洪积
扇群连成一体，南北通畅，利交流。西有山林，利狩猎、采
摘、伐木和防卫。东富水，利捕捞与采食，兼防守。因此，殷
商定都安阳，不失为理想之地。但从姬家屯和赵官屯剖面红褐
色古土壤顶部耐旱草本植物蒿、藜、禾草花粉和蕨类卷柏孢子
增多和姬家屯剖面同层磁化率曲线呈下降趋势看，似乎说明商
晚期旱象已显露。

河北省阳原县泥河湾一直是我国第四纪地质工作的重点地
区，其内涵之丰富令人向往，其问题的复杂性令一代代人不懈
努力地去破解。

在小长梁发现半山遗址[30]、马圈沟遗址[31]后，又在该沟
的底部发现新的更古老的文化层，除发现旧石器外，尚发现异
费鼠（*Allophaiomys deucalian*）、中华模鼠（*Borsodia chinen-
sis*）、杨氏鼢鼠（*Yangia tingi*）等小哺乳动物化石和大哺乳动
物化石三门马（*Hipparion* sp.）、秀丽鹿［*Cervus*（*R*）cf. *c.
elegans*］等。时间约为距今 200 万—180 万年，生态环境为温
带干旱疏树草原[32]。

在泥河湾旧石器考古喜讯频传的时候，旧石器文化向新石
器文化过渡的于家沟剖面发现和研究，使泥河湾这个第四纪知

识的宝库更加丰富。研究说明，在更新世晚期最后阶段至全新世早中期（末次冰期冰消期至冰后期早中期），即距今13700—6600 年，在寒冷干燥变为温暖干燥的草原和疏树草原环境下，细石器文化繁荣，出现磨制石器和陶器。在全新世中后期，即距今 6600—2100 年，在温暖湿润的森林草原环境下磨制石器增多，细石器明显减少。前后两段环境的变化和文化的发展说明，人类生产生活方式发生了转变，即以狩猎为主变为采集与食物加工为主[33]。

（2）黄河中下游

①文化古道

黄河中下游由西至东，起于渭河断陷盆地，经豫西丘陵，直抵郑州华北平原。这 500 多公里的地段，正值中国地貌三级台阶中的第二台阶。但是在黄河谷地南部，地势南北高而中间低下，南北高，地势海拔 300—1000 米，中间低，海拔仅 100—200 米，这一深陷成涵状的低地，源于地质构造华北地台西南隅与昆仑——秦岭地槽东延的接合。当置身这东西向涵地，犹如在孔中，故有曰孔道者。所以我国地貌台阶中的黄河中下游，成为自古至今东部低平原与西部高原连接的要冲，这里古今文化发达。远溯至 180 万年前古老的芮城旧石器文化、100 万年前的蓝田猿人（*Lantian Homoerectus*）、60 万年前的陈家窝人（*Homo erectus chenchiawoensis*），20 多万年前的大荔人（*Daliman*）、10000 年前的沙苑人（*Shayuanman*），我们先辈在这里创造了古老的旧石器文化与中石器文化，又培育了辉煌的距今 8000—7000 年的新石器时代老官台、裴李岗文化，距今 7000—5000 年的仰韶文化，距今 5000—4600 年的庙底沟二期文化，距今 4600—4100 年的河南龙山文化，自距今 4100 年以来成为夏、商、周、秦、汉、隋唐与宋代国家经济、文化和政治的中心，故有逐鹿中原、问鼎中原的历史，古有"得中原者得天下"之说，故此域对中国殊属重要。这里是中国古老文化重要策源地，是丝绸之路的起点，是中国乃至世界著名的文化古道。

对黄河中下游这一文化古道做进一步分析，它是由黄河干流与支流串起的一个个盆地，恰似一串"糖葫芦"。这些"糖葫芦"，西有渭河盆地（又名关中盆地，意在函谷关、大散关、武关与萧关四关之中），向东依次有灵宝盆地、渑地盆地、新安盆地、洛阳盆地。这些盆地由于河流纵横，水丰土沃，历为人类聚居之所，人们看上了这个丰衣足食之所。这里是交往便捷的地方，故喜欢在这里生息繁衍，创造着灿烂的文化。因此，上述每一个盆地都是文化的重要策源地。

渭河盆地东西延长，西窄东宽，西端宽 1 公里，东端宽 80 公里，东西长 360 公里，号称"八百里秦川"，面积约 34000 平方公里，盆地西高东低，海拔 325—750 米。由于受断层控制，渭河自西出陇山之后，向东流贯盆地中部，在潼关与黄河汇合。盆地南界秦岭，北界北山。秦岭高耸，秦岭这座古老的褶皱山，在第三纪、第四纪不断抬升，主峰太白山海拔 3767 米，平均海拔达 2000 米，现在秦岭成为我国暖温带与亚热带的分界山。秦岭自然垂直带清楚，森林茂密，动物种类多，风景秀丽。我国西岳华山就是秦岭众峰之一。诗云"重峦俯渭水，碧嶂插遥天"和"长风吹松柏，声拂万壑清"。这是对秦岭地貌和风光的精彩描述。与秦岭相对的是北山。它成为渭河盆地北部屏障，东自黄河禹门口，西低渭河宝鸡，逶迤海拔 800—1500 米，有黄龙山，岐山等山岭。这里煤炭丰富，有黑腰带之称。

渭河盆地由于断层控制，渭河两侧分布河流阶地与黄土原，呈阶梯状向盆地南北侧抬升。由于秦岭抬升快，故渭河南边阶地、黄土原较窄，黄土台地级差大。北山抬升慢，故渭河北侧阶地、黄土原宽广，黄土台地级差相对小些。黄土原大小不一，名称各异。大者如岐山、扶风一带的周原到咸阳秦都一带的毕原，东西长约30—40公里，南北宽达20公里以上。诸原中以西安附近为例，有灞河与渭河之间的铜人原、临潼东部的代王——马额原、蓝田北部的横岭原、灞河与浐河之间白鹿原、潏河与滈河之间的神禾原、浐河与潏河之间的少陵原、西安大雁塔东北面的乐游原和西安市北郊的龙首原等。在这些原及其他原上分布有众多历代帝王陵墓，世界文化遗产秦始皇兵马俑博物馆坐落在临潼渭河南岸二级阶地后缘。渭河两侧有众多支流，成近似羽状水系分布。北部自西向东，有金陵河、千

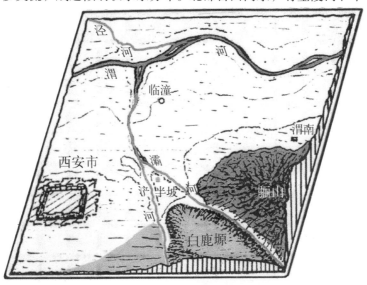

图二二　半坡遗址环境示意图

河、漆水河、泾河、石川河、洛河。南部在西安附近就有泾河、灞河、浐河、潏河、滈河、沣河、涝河和黑河等，有所谓"八水绕长安"之说，西安曾是水丰土沃之地。

渭河盆地山、原、水之间，成为中国古老文化的重要发祥地。秦岭北麓，灞河的上游就有重要的蓝田猿人和陈家窝人遗址。他们依秦岭畔灞河而生息。北山山前的洛河岸边有大荔人遗址。著名的半坡遗址坐落在灞河与浐河之交的二级阶地上，高出河面 9 米（图二二）。姜寨遗址也在附近地区。北首岭遗址坐落在金陵河下游西岸二级阶地上，高出河面约 10 多米，依黄土丘陵，面金陵河东岸阶地（图二三）。类似的仰韶文化遗址，在渭河盆地中星罗棋布，达一千二百多处，有的地方，

图二三 北首岭遗址素描图

如漆水河中上游仰韶遗址密集，达二十处，上游有岸底、游风遗址等，中游有羊尾沟、浒西庄遗址等，其数量与当地现今村落几乎一样。这些遗址大多分布在黄河的二级支流的中上游，如金陵河、千河、漆水河。三级支流，如灞河、浐河流域有众多遗址。三、四级支流间，如沣河与美阳河之交有案板遗址。三级支流白水流域也有众多遗址。在扶风与岐山县之间的四级支流西沟，分布有豆家坪、杨家嘴、原树、铁章、下康、赵家、老堡子等遗址。五级支流刘家沟分布有周原遗址。新石器遗址密集分布在二、三、四级支流，反映出原始社会先民依山而居的传统，以及人类早期对环境的适应选择。

由于西安位于渭河盆地中间地带，南依秦岭，北面黄土高原，坐落在几十米至100米厚的黄土塬上，地势高亢、开阔，水网密，排水好，故水丰又无洪涝之虑。又渭河受南岸秦岭上升快的影响，河道北侵，故咸阳东的秦故城多被北移的渭河冲毁，现在只剩下河岸三级阶地上的宫殿遗址。西安则无河患之虑。还有西安城坐落的黄土塬，为几十米至100米中更新世离石黄土、晚更新世马兰黄土与全新世周原黄土构成，黄土与黏重的红色古土壤相间堆积，好似织成密布的钢筋结构，地基牢固，适合古城建高大型建筑，如周代丰镐京位于纪阳原上，秦代的咸阳宫位于毕原上，汉代的长乐宫、未央宫、建章宫和唐代大明宫建在龙首原上。乐游原和少陵原系历代游览胜地，故有唐代李商隐的"向晚意不适，驱车登古原。夕阳无限好，只是近黄昏"的佳句。有渭河盆地发达农业和周边林矿业的支撑，致使西周、秦、西汉、新莽、前赵，前秦、后秦、西魏、北周、隋、唐十一个王朝在西安建都城，古都史长达一千

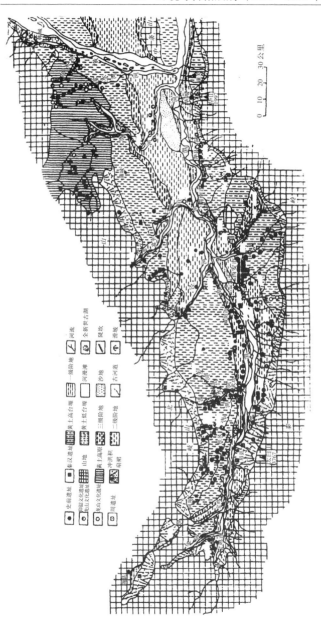

图二四　渭河盆地环境考古图

一百多年，故说"秦中自古帝王都"，建都史之长在世界上也罕见（图二四）[34]。

灵宝盆地处在晋、陕、豫之间，黄河南岸、秦岭的北麓，灵宝市东西长76.4公里，南北宽68.7公里，面积3011平方公里，其土地可概述"七山二塬一分川"。"七山"是指秦岭与崤山占灵宝市面积的七分。"二塬"是指自东向西分布铁岭塬、衡岭塬（南部称焦村塬）、铸鼎原、程村塬和皇天塬六个黄土塬占灵宝市面积的二分。"一分川"是指自东向西源于崤山与秦岭的好友河、弘农涧河、沙河、湖水、枣香河、鸠水和玉溪涧七条黄河支流和黄河谷地占灵宝市面积的一分。灵宝之南崇山峻岭，获林木与矿产之利；中河塬间列，有养生息之功；北涵谷低地，收交通之便。

100万年前灵宝盆地尚属三门峡古湖的一部分。后来，由于青藏高原剧烈抬升，波及二级台阶的黄土高原。三门峡被古黄河深切，三门峡古湖水一泻千里。三门峡等古湖消亡，湿度下降，气候旱化。灵宝盆地接纳东亚内陆日增的尘土，加之黄河滩地风吹扬起的尘沙，在灵宝盆地干涸的三门峡古湖之上迅速堆积黄土，并被崤山、秦岭发源的河流切割而成七水六塬。在灵宝这沃土秀水之间，很早成为人类的乐园。除有旧石器遗址外，新石器遗址达一百多处。仅在铸鼎原附近仰韶遗址达二十多处，其中沙河上游汇集了发自秦岭的九条沟，形成一积水碟形低地。灵宝大盆地中叠加一个小盆地，形成盆中盆的地貌。在这碟形低地周边分布有西坡、东常、巴楼北、东仓、北贾村一些仰韶文化与龙山文化遗址，西坡遗址和湖水西岸的北阳平遗址均有几十万平方米。铸鼎原上有黄帝陵，据《史记》载，此为黄帝铸鼎庆功，乘龙升天之所。灵宝盆地仰韶文化的庙底沟文化之花，曾开遍半个中国[35]。

灵宝盆地以东三门峡市南郊，黄河支流青龙涧河及其支沟庙底沟之间二级阶地上有庙底沟遗址。此外三门峡市还分布有三里桥、李家窑等遗址和虢国墓地。

渑池盆地北有崤山，西、南、东有黄土丘陵环绕，为一小型盆地。盆地南深北浅，南边为洛河支流涧河的上游。渑池盆地古遗址众多，仰韶遗址在渑池盆地北边黄土丘陵上，系仰韶文化命名处。仰韶遗址北依韶山，南面河谷，处在东边饮牛河与西边西沟河的交汇黄土丘陵上。由于地势高起，受新构运动抬升影响，故易受侵蚀，所以，仰韶遗址处缺失全新世地层，仰韶文化的灰坑深陷在马兰黄土之中，3—4米马兰黄土下伏的第一层埋藏土顶部热释光年龄为90000年（图二五）。

新安盆地是被黄土丘陵环绕的小型盆地。南深北浅，涧河从盆地南边流过。在这里分布有高平寨、南岗和安乐村等重要新石器时代遗址。其中高平寨遗址面积达450000平方米，安乐村遗址面积达60000平方米[36]。

洛阳盆地是一个拗陷盆地，作东西长椭圆形，长约50公里，中间宽约17公里，面积约440平方公里。四周环山，北背

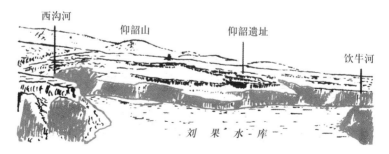

图二五　仰韶遗址素描图

邙山，南面伊阙，东望嵩岳，西倚周山。六水并流，即黄河、洛河、伊河、涧河、瀍河、谷水。黄河居北，伊、洛、涧、瀍四水贯穿洛阳盆地东去，在盆地东合流后与黄河相汇，奔向华北平原。谷水，古时曾绕流故洛阳城（汉魏洛阳城）四周，终入洛河。古谷水今已湮废，与涧河合流。谷水虽废，然功不可没。

洛阳盆地中可分出三级阶地，盆地南侧，黄土丘陵与三级阶地相交处，有酒流沟、袁沟、宫家瑶、灰嘴遗址。二级阶地在盆地中十分发育，现洛阳市区和昔日偃师商城、汉魏洛阳城、隋唐洛阳城、王湾、矬李、高崖、二里头、皂角树等遗址坐落在二级阶地上，这里是古今人类主要活动场所。还有北嘴、灰嘴等遗址和世界文化遗产龙门石窟。玄奘故里在洛阳盆地东的陈河村。

洛阳盆地环山而险固，六水并流兴漕运，十省通衢而应四方，气候宜人，物产富庶，洛阳先后有东周、东汉、曹魏、西晋、北魏、隋、唐、后梁、后唐九朝在此建都，如果自二里头夏代遗址和尸乡沟偃师商城等算起，洛阳成为影响中国政治、经济、文化四千年的人文荟萃之区[37]。

由洛阳向东进入巩义市县境的洛纳地区，系河洛文化的重心，这里重要的遗址有旧石器时代中期的洪沟遗址，有新石器时代的稍柴遗址，伊洛河与黄河交汇处的东南黄土丘陵上有花地嘴、双槐树、伏羲台等重要遗址，双槐树仰韶文化遗址有800000平方米（图二六）。这里站街镇还是诗圣杜甫的故里。

再向东入荥阳市境，这里分布有一些重要遗址，旧石器时代的有织机洞遗址，新石器时代的有点军台、青台、秦王寨、大师姑、凤凰台、西史村等遗址。在汜水边有地势险峻的虎牢

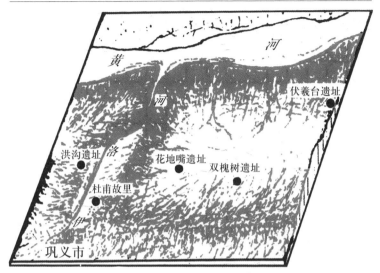

图二六　巩义市伊洛河与黄河汇流处黄土丘陵与古文化

关，历为争雄的古战场，也是古今交通要道。

又向东为黄土高原东缘与华北平原接壤处，郑州市二里岗商城位于郑州市中，城北有大河村遗址，城西黄土塬边分布有西山、小双桥、后庄王、郑庄、关庄等重要遗址，还有汉荥阳故城。郑州西北有古荥泽，东南有古圃田泽，荥泽源于嵩山的枯河、索须河，可能还有贾鲁河，然后入古济水（今郑州市北的黄河）。郑州近年被评为全国八大古都之一。

继向东抵开封，系我国八大古都之一，计有战国、魏、五代、梁、晋、汉、周、北宋、金在此立都。名画"清明上河图"生动地表现了世界大都会北宋开封的盛况（图二七）。

综上所述，自西面的宝鸡向东至开封五个盆地被涵地相连，由黄土高原抵华北平原，形成长越千里的交通与文化古道，文化史绵延百万年，分布四大古都，一度盛况空前，为中

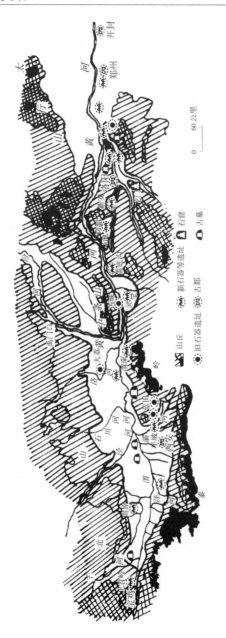

图二七 黄河中下游文化古道示意图

华文明的重要策源之区。

②地质地层与文化层关系

黄河中下游正值黄土高原的东南边缘，这里除了受侵蚀的地貌单元无全新世黄土堆积外，余均有全新世黄土堆积。由于黄土成因的基本动力是风，西北风把东亚内陆的尘埃吹起向东南运移，尘埃基本上是均匀地撒播在黄土高原广大区域各地貌单元上，因此以降尘为物源所形成的全新世黄土地层当然会有广泛的对比性。这就为该区新石器时代以来文化层与全新世黄土地层对比提供了可能，而这种文化层与地质地层关系研究是展开这里环境考古的基础。

黄土高原南沿全新世黄土地层划分虽曾受到人们关注，但缺乏深度，至于与文化层关系研究，则更少问津。

黄土高原南沿黄河中、下游不同色调和质地的全新世黄土，不时见到其中夹有文化堆积。这说明它们之间有密切关系。1990 年我们考察到了陕西省渭河盆地西北部，在岐山县、扶风县境之间的周朝发祥地周原，在岐山县京当乡礼村东南刘家沟刘家水库西岸的黄土崖上，见到灰坑与全新世不同色调和质地的黄土有清楚叠压和打破关系，当即意识到这是认识地质地层与文化层关系的重要剖面。这使我们两年来研究全新世地层划分及其与文化层关系所得的初步认识得到了进一步验证。

a. 礼村剖面

礼村剖面位于 107°50′795″E，34°28′442″N。海拔 667 米。剖面的层序如下（图二八、二九）[38]。

全新世（Q_4）：

第六层　耕土。厚 0.4 米。

第五层　新近黄土。粉砂土，浅黄褐色，多细孔，含虫孔、

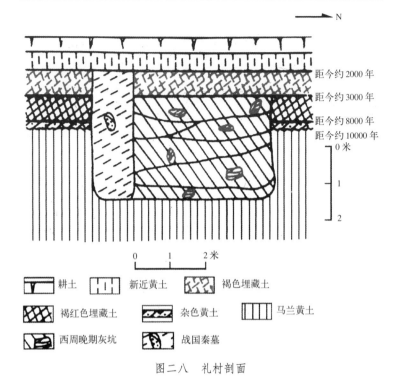

距今约2000年

距今约3000年

距今约8000年

距今约10000年

0 米

1

2

0　1　2米

耕土　　新近黄土　　褐色埋藏土

褐红色埋藏土　　杂色黄土　　马兰黄土

西周晚期灰坑　　战国秦墓

图二八　礼村剖面

根孔、蚯蚓粪、草根，偶含碎瓦片。较疏松，与下伏层易辨别。层底年代为距今约2000年，厚0.5米。

第四层　褐色埋藏土（S_0^2）。黏质粉砂土。A层，褐色，多细孔、虫孔、根孔，含蚯蚓粪与动物穴。较致密，垂向节理发育，柱状，含大量假菌丝体，与下伏 BC 层不易区分。厚约0.30米。BC层，结构与 A 层类似。略显柱状结构，与下伏层易区分。土壤微结构显示微孔中含 Ca_2CO_3，黏粒胶膜薄层状，为淋溶褐土。厚0.50米。开口于本层顶部的战国秦墓葬填土坑，打破西周晚期的灰坑，含战国秦碎瓦片。本层底界年代为

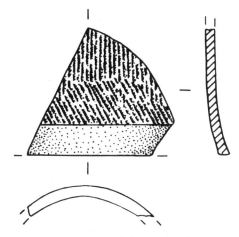

图二九　礼村剖面西周晚期灰坑中的筒瓦示意图

距今约 3000 年，厚 0.8 米。

第三层　红褐色埋藏土（S_0^1）。黏质粉砂土。上部红褐色，下部浅红褐色，微细孔，含蚯蚓粪，较上层少。棱柱状结构，较坚实，团粒明显。含假菌丝体，较上层明显少。微结构呈厚层状黏粒胶膜，偶呈叠层状，微孔含不多的 Ca_2CO_3，为棕壤。含豆等遗物的西周晚期灰坑开口于层顶。本层底界碳十四年龄距今约 8000 年，厚 0.6 米。

第二层　杂色黄土。埋藏土与黄土混杂堆积。粉砂土，褐、白、黄色混杂。含钙结核，散布，大小一般为 1—2 厘米，有动物穴，与下伏马兰黄土易区分，界线明显。本层底界年代为距今约 10000 年，厚 0.15 米。

～～～～～～～～～～～～～侵蚀不整合～～～～～～～～～～～～～

晚更新世（Q_3）：

第一层　马兰黄土。粉细砂土。橙黄色，多微细孔，含少

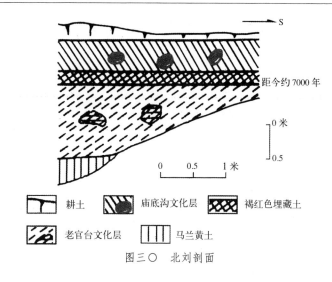

距今约7000年

0 米
0.5

0   0.5   1 米

耕土　　庙底沟文化层　　褐红色埋藏土

老官台文化层　　马兰黄土

图三〇　北刘剖面

量虫孔，疏松，出露 3.5 米。

b. 北刘剖面

剖面位于渭南市沈河上游清水河左岸北刘遗址东面50米，在便道旁，层序如下（图三〇）[39]。

全新世（Q_4）：

第五层　耕土。厚0.2米。

第四层　庙底沟文化层。含细泥质红陶钵口缘碎片。厚0.5米。

第三层　红褐色埋藏土（S_0^1）。红褐色，块状，较坚硬。多微细孔，底部含钙结核，大小一般为1.5—2厘米，大者可达5厘米。层底年代为距今约7000年，厚0.15米。

第二层　老官台文化层。含夹砂灰陶桶形罐口沿残片和泥质橘红色盆的残陶片。厚1米。

晚更新世（Q_3）：

第一层　马兰黄土。粉细砂。含多量微细孔，疏松，底部含钙质，出露 0.4 米。

c. 荆山村剖面

剖面位于灵宝市秦岭北麓荆山峪西岸二级阶地荆山村东的晒谷场南侧，层序如下（图三一）[40]。

全新世（Q_4）：

第五层　表土层。人工扰动，褐黄色粉砂土，富含有机质，多植物根。厚 0.5 米。

第四层　新近黄土。灰黄色粉砂土，层下部 40 厘米中含一些钙结核，结核大小 1—2 厘米，富含植物根，厚 1.2 米。

第三层　褐色埋藏土（S_0^2）。钙质沿黄土的缝隙富集成白霜状分布，微细孔多，有虫孔，含个别钙结核，结核大小一般

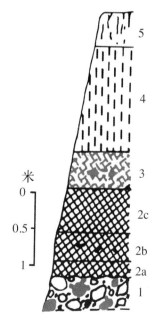

图三一　荆山村剖面

1. 砾石层　2. 褐红色埋藏土
3. 褐色埋藏土　4. 新近黄土
5. 表土层

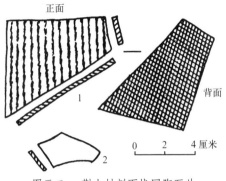

正面

背面

1

2

0   2   4 厘米

图三二　荆山村剖面战国陶瓦片

1. 战国瓦　2. 灰陶片

不超过 1 厘米，层底含有一层战国瓦片。在剖面东 5 米窑洞东壁同层中，也含有一战国瓦片（图三二），厚 0.5 米。

第二层　褐红色埋藏土（S_0^1）。厚 1.2 米。

第二层的 C 层，土呈棱块状结构，钙质多富集成假菌丝状，黄土中垂直分布的缝隙多，上部 30 厘米含一些钙结核，大小 1—3 厘米。厚 0.6 米。

第二层的 B 层，土呈棱块状结构，钙质富集成的假菌丝状物较上层少。不含钙结核。含质地较松、火候较低的红色带绳纹或光滑的陶片和红烧土块（图三三）。这是我们首次在灵宝境内发现的前仰韶（裴李岗）文化层。厚 0.4 米。

第二层的 A 层，土为深褐色，钙质少。偶见细角砾。厚 0.2 米。

~ ~ ~ ~ ~ ~ ~ ~ ~ ~ ~ ~侵蚀不整合~ ~ ~ ~ ~ ~ ~ ~ ~ ~ ~ ~ ~

第一层　砾石层。砾石成分多石英岩，也有砾岩等，磨圆差，大小混杂，大者 20 多厘米，小者 5—10 厘米，厚度变化大，厚 0.2—0.5 米不等。

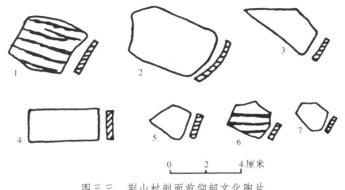

图三三　荆山村剖面前仰韶文化陶片

1 - 7. 橘红色绳纹或光滑陶片

d. 皂角树剖面

剖面位于洛阳市南郊关林镇皂角树村遗址北侧，层序如下（图三四）[41]。

全新世（Q_4）

第五层　耕土层。深褐色粉砂质黏土，富含植物残体和蚯蚓粪便，部分显团粒结构，厚 0.35 米。

第四层　新近黄土。浅黄色黏质粉砂土，土壤化程度较低，在剖面上形成一鲜明的黄色条带镶嵌地层中。土质疏松，有的被扰动，偶含炭屑或瓦、砖碎块。含唐宋文化层（唐墓）。厚 0.1 米。

第三层　褐色埋藏土（S_0^2）。褐色黏质砂土。多微细孔，有蚯蚓洞穴或粪便。显团粒结构。本层可分上下两部分，上部深褐色，下部浅褐色。据土壤微结构分析，在土壤孔隙壁上有薄层隐晶质碳酸盐黏粒胶膜，这说明该层古土壤为碳酸盐褐土或淋溶褐土。层底含东周文化层（H17）。层顶含汉文化层（H1）。厚 0.45 米。

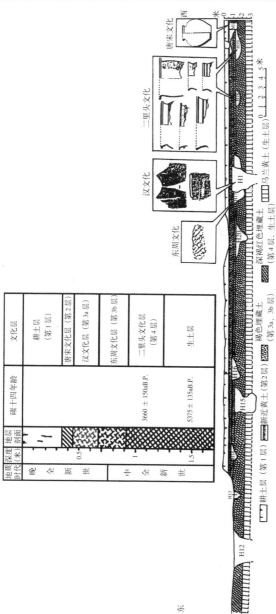

图三四 皂角树村遗址北缘剖面

第二层 深褐红色埋藏土（S_0^1）。砂质黏土或黏质砂土。上部 0.7 米，呈深褐红色，向下颜色变浅。多微细孔，有蚯蚓洞穴和粪便，但不如上层多。质较坚硬，呈柱状和棱块状。显团粒结构。上部无假菌丝体，中部少，下部略多。在本层剖面深约 1 米处测得碳十四树轮校正年龄为距今约 3660 年。本层在洛阳地区俗称"红胶泥"。据土壤微结构分析，在孔隙上沉积有厚层的流胶状黏粒胶膜，且在该层含较多的铁质凝团，这说明该层古土壤为棕壤。层顶含二里头文化层（H18、H19、H20）。厚 1.6 米。

晚更新世（Q_3）

第一层 马兰黄土。浅黄色粉砂土。多微细孔，质均，疏松。剖面近处经钻探获知，马兰黄土厚达 5—6 米，且下伏第一层埋藏土壤（S_1）。马兰黄土出露 0.5 米。

从上述四例剖面可见，黄河中下游全新世黄土可分五层，其中含二层古土壤（埋藏土），是复合型古土壤。这里褐红色古土壤与海拔 1000 米的黄土高原中心区全新世黄土含的黑垆土[42] 显著不同。二者形成的古环境有别，前者暖湿，后者凉湿。为与黄土高原中心区含黑垆土的全新世坡头黄土[43] 区分开来，故将黄河中下游含褐红色埋藏土的全新世黄土，以发现较早且典型的礼村剖面所在地周原作为黄土高原东南边缘全新世地层名称，命名为周原黄土。这说明黄土高原的全新世黄土可以地层分区，即在黄土高原中心区为含黑垆土的坡头黄土，在黄土高原东南边缘为含褐红色埋藏土的周原黄土。兹将周原黄土综述如下[44]：

全新世周原黄土（Q_4）：

全新世晚期周原黄土（Q_4^3）。时间距今约 3000 年至近代。

第六层 耕土。粉砂土，为褐土，富含有机质。厚0.3—0.4米。

第五层 新近黄土。灰黄色粉砂土，成土作用较低，质疏松，在岐山县礼村该层下伏战国秦墓，故可与秦汉以来历史时期文化层对比。在皂角树遗址该层含唐宋文化层。形成于约距今2000年至近代。厚0.3—0.4米。

第四层 褐色埋藏土（S_0^2）。褐色黏质粉砂土，呈块状，质较坚。土壤微结构显示微孔中含Ca_2CO_3，黏粒胶膜薄层状，为褐土。在岐山县礼村一带本层下伏西周晚期灰坑或地层，而在洛阳皂角树遗址此层下部含东周文化层，故其形成年代为约距今3000—2000年。该层含春秋、战国和秦汉文化层。厚0.4—0.5米。

全新世中期周原黄土（Q_2^4）。时间距今约8000—3000年。

第三层 褐红色（或红褐色）埋藏土（S_0^1）。褐红色（或红褐色）黏质粉砂土。渭河盆地西部含由Ca_2CO_3形成的假菌丝体，而豫西东部则少见或不见。结构为棱块状，含团粒，较坚实。渭河盆地西部微结构呈厚层状黏粒胶膜，偶呈叠层状，微孔中含不多的Ca_2CO_3；豫西东部微结构显示黏粒聚集成厚层状，微孔中不见含Ca_2CO_3，这些一方面说明该层为褐土向棕壤过渡，暂称棕褐土，或可能为淋溶褐土，部分为棕壤。另一方面说明关中比豫西雨量少，气温低。古生物有亚热带的中华竹鼠（*Rhizomys sinensis*）、獐（*Hydropotes inermis*）和凤尾蕨（*Pteris*）等。此层上部在岐山县礼村周原一带，含西周文化层，层底碳十四年龄为距今约8000年。

在渭南北刘遗址本层下伏老官台文化层，上覆庙底沟文化层；渑池县班村遗址的裴李岗文化层含于本层下部0.3米的地层中，上覆有庙底沟一期和庙底沟二期文化层；在洛阳市皂角树遗址本层上部 0.5 米的地层中含二里头文化层。该层含新石器时代中晚期裴李岗（或磁山、老官台）、仰韶、龙山文化层和夏、商、周文化层。形成于约距今 8000—3000 年。厚 0.6—1.5 米。

全新世早期周原黄土（Q_4^1）。时间距今约 10000—8000 年。

第二层　杂色黄土。有褐黄、褐红或灰黄色粉砂土。西部可见钙质富集于层底，或聚集成细的钙结核零星分布；在东部盆地不易见到。不过从微结构看，均富含 Ca_2CO_3。此层从土壤发生学看，为褐红色埋藏土的淀积层。本层一般不见含文化层，但与此层相当的徐水县南庄头村遗址湖积层中含距今 10800—10000 年的陶器碎片和新石器；在北京门头沟斋堂东胡林遗址与该层同时期的文化层中含人骨架、灰坑、陶器、石器等。在渭南西塬北阎村本层下伏马兰黄土顶部的 TL 年龄为距今约 12700 年。看来此层下部的年龄当为距今约 10000 年。厚 0.2—0.5 米。

~ ~ ~ ~ ~ ~ ~ ~ ~ ~ ~ ~ ~局部不整合————————

晚更新世马兰黄土（Q_3）。时间距今 10000 年以上。

第一层　马兰黄土。灰黄色粉砂土。疏松、多孔。下伏第一层埋藏土，厚 3 米以上。

周原黄土与下伏层马兰黄土接触，在冲洪积扇等地貌上为不整合接触，有的下伏砂砾层，为板桥期侵蚀形成的局部侵蚀不整合接触关系[45]。

从上述四个剖面地质地层与文化层的叠压和打破关系看，地质地层由于含文化层而指示出形成时间和文化内涵，文化层则因含在不同黄土层中而富有环境、时空对比的意义。

黄长春[46]、秦建明[47]等先生对渭河盆地全新世黄土与文化层的关系也进行过研究，他们的研究与笔者的认识相近，但也有些出入，如黄长春先生指出褐色埋藏土与褐红色埋藏土之间夹有一层黄土。

③环境演变

各层周原黄土是在不同气候环境下形成的不同质地的黄土。李哲先生与笔者等对礼村黄土剖面做磁化率和穆斯堡尔谱测量 $Fe^{3+}/Fe^{2+} + Fe^3$ 和铁的相对含量分析，说明二者的测试结果呈线性关系，是可以对比的，能够达到互证的效果，其变化次序如下式（图三五）[48]：

褐红色埋藏土 > 褐色埋藏土 > 新近黄土 > 马兰黄土

上式说明了周原黄土的磁化率 $Fe^{3+}/Fe^{2+} + Fe^3$ 和铁的相对含量。褐红色埋藏土含量最高，褐色埋藏土含量其次，新近黄土含量再次，马兰黄土含量最少。何以如此，因为黄土磁化率大小主要决定于黄土中所含磁性矿物磁铁矿和磁赤铁矿的量和颗粒大小，其量越多，磁化率越大。另外，其磁性矿物超细颗粒在 0.01—0.07 微米的范围内，随着颗粒尺寸的减小，磁化率以指数函数形式迅速增加。黄土中磁铁矿和磁铁矿的量与颗粒大小，以及穆斯堡尔谱所获化学参量均受气候冷暖干湿的影响。因此，二者有线性关系说明，形成黄土磁化率的物理机制和形成 $Fe^{3+}/Fe^{2+} + Fe^3$ 化学过程在气候制约下有统一性。通过对礼村剖面磁化率大小的测定和穆斯堡尔谱方法所得 $Fe^{3+}/Fe^{2+} + Fe^3$ 化学参量的多少说明，褐红色埋藏土（S_0^1）时期的水热气候环境好于褐色埋藏土（Q_0^2）时期，而褐色埋藏土时期好于新近黄土时期，马兰黄土时期最差。

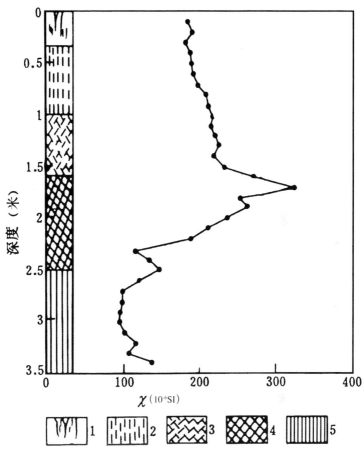

图三五 礼村黄土剖面磁化率曲线（李哲等，1996 年）

1. 耕土 2. 新近黄土 3. 褐色埋藏土 4. 褐红色埋藏土 5. 马兰黄土

　　西北大学文博学院考古专业王世和教授等对扶风县案板遗址做了考古学发掘。他们非常重视人类生存环境研究。他们选择两个剖面做了孢粉分析，其一是含仰韶文化层的傍龙寺剖面，其二是含龙山文化层和西周文化层的张家壕剖面。分析结果说明可分六个孢粉带，较完整地反映了全新世环境演变的过程，而且与其他地区有可比性。仰韶文化时期恰值气候适宜期，表现为木本花粉显著增加，最多可达90%，栎、槭、栗等阔叶树明显增加，其中栎可占35%—39.4%。蕨类孢子中出现了亚热带的凤尾蕨。到龙山时期，木本花粉量开始减少，然而栎等阔叶树种花粉仍占相当数量，不过以蒿、菊、藜等旱生草本花粉增加。这说明龙山文化时期仍处在气候适宜期，但龙山文化时期人类生活环境不如仰韶时期了。植被既有落叶阔叶森林，又有森林草原和草原（图三六）[49]。据傅勇先生对遗址动物遗存的研究，除发现家猪骨骼多以外，就是亚热带动物獐（*Hydropotes*）骨骼多，此外还有伴竹而生的亚热带动物竹鼠（*Rhizomys*）。这些动物表明案板遗址新石器时代气候暖湿，水体广，有竹林，植物丰茂[50]。另外谢伟先生对文化堆积做灰像分析，除发现粟、黍外，尚有稻[51]。

孙建中教授等对半坡遗址大围沟剖面做孢粉分析说明，整个剖面草本植物花粉占的比例较多。在剖面2—3米深度乔木花粉数量虽较多，其中阔叶树占的比例少，而是以针叶树花粉占多数，针叶树中又以松花粉多，达9.7%。引人注意的是在3.29—3.04米含针叶树花粉较多时，松（*Pinus*）占9.7%，铁杉（*Tsuga*）占6.4%，云杉（*Picea*）占4.8%，冷杉（*Abies*）占0.5%。铁杉是亚热带高山植物，与冷杉、云杉共生，今北秦岭高山上残存铁杉植株。这是首次在仰韶时代发现含铁杉多的针叶树的花粉组合。这表明在全新世中期气候适宜期确有过降温事件，半坡人曾一度受过降温事件的考验。半坡人生活时期，半坡附近的植被与笔者曾判断的相仿，是草原或森林草原（图三七）[52]。

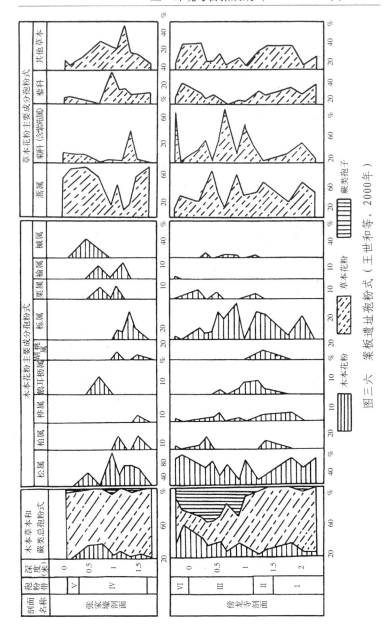

图三六　案板遗址孢粉式（王世和等，2000 年）

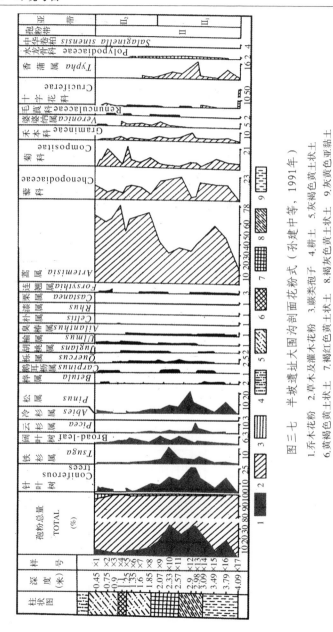

图三七　半坡遗址大围沟剖面花粉式（孙建中等，1991年）

1.乔木花粉　2.草木花粉　3.蕨类及灌木及灌木孢子　4.耕土　5.灰褐色黄土状土
6.黄褐色黄土状土　7.褐红色黄土状土　8.褐灰色黄土状土　9.灰黄色亚黏土

在半坡遗址东北不远有同期重要的姜寨遗址。这里发现有距今 6500—6400 年的完整古聚落，含鱼纲、鸟纲和哺乳纲的许多动物骸骨，其中有水鸟鹈鹕、鹤，有喜暖动物猕猴、中华豩鼠、中华竹鼠、貉、猪獾、鹿、麝、刺猬，花粉分析除有水生植物眼子菜、香蒲和耐旱的草本植物蒿、藜外，在不多的乔木花粉中有冬青（*Ilex* sp.），而冬青今只分布在长江以南。这些与半坡遗址、案板遗址发现竹鼠与獐都说明距今 6000 年前的渭河盆地具有气候暖湿、河湖发育、水丰草茂、分布森林草原且四季分明的环境。姜寨人创造了适应暖湿气候环境的居住建筑，他们的一百二十座房屋中只有六座地穴式房子，占 5%，半地穴式房子四十一座，占 4.2%，地面木架结构式房子七十三座，占 60.8%。在向心型布局的房屋坐南朝北房子的门是朝北开的，说明那时的冬季也不如今天冷。因此从房屋的建造和聚落的布局上也说明距今 6000 年前的姜寨人已具有适应暖湿环境的能力（详见《环境考古研究》第一辑中巩启明等文）。

渑池县南村乡班村遗址位于晋豫间南村——古城盆地的黄河南岸。这是一处含前仰韶文化、庙底沟文化和庙底沟二期文化的遗址。笔者曾参与研究，现仅举对该遗址水塔东剖面的颗粒分析结果做一说明。颗粒分析是对沉积物组成颗粒粒径大小进行测量的一种方法。黄土的粒径大小除受控于与降尘源区的距离，即离降尘源区近则粒径大，离降尘源远则粒径小之外，就是与土壤的成壤作用强弱有关。土壤化作用强，土壤黏化过程增强，黄土颗粒则变小，表现为黏粒增多，说明成壤的水热环境较好，反之亦反。从水塔东剖面看，反映了全新世环境演变的三个过程。全新世早期气候好转，即砂、粉砂占的比例和 Kd 值虽较高，但黏粒曲线在升高。不过褐红色埋藏土土壤化

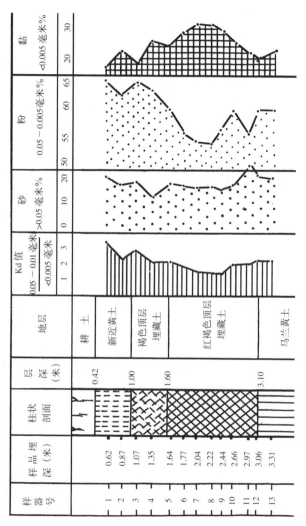

图三八 河南省渑池县班村水塔东剖面颗粒分析

作用增强不久就出现一个短时期砂值峰值，与我们对这里前仰韶文化层做磁化率测试，发现前仰韶文化层与庙底沟文化层间磁化率曲线出现低谷的结果一致。这说明距今约 7000 年前仰韶文化与仰韶文化之间有过降温事件。黏粒曲线在剖面中部，即褐红色埋藏土形成时的全新世中期，砂、粉砂和 Kd 值出现低谷，黏粒曲线出现峰值，这说明系气候适宜期，土壤化作用强引起的。其后，在剖面上段全新世晚期，砂，尤其粉砂和 Kd 值出现峰值，黏粒曲线下滑，这说明气候变差，土壤化作用降低（图三八）。

植物硅酸体分析，或曰植硅石分析，在我国于 20 世纪 80 年代引进，是对古植物体内形成硅酸体（植硅石）遗留在地层中进行分析研究的方法，借以恢复古生态环境，研究古农业，探讨人类行为、文化创造与环境的关系。据吕厚远博士对洛阳市关林镇皂角树遗址硅酸体分析，二里头文化层的底部，约距今 4000 年时，年降水和年气温曲线有一明显下降谷，其降水量与该地现年降水 600 毫米近似，但年气温比今低约 1℃。此后，至剖面深 1.18 米，即二里头文化层的顶部，年降水和气温均出现峰值，年降水可达近 1000 毫米，比现今多 200 毫米以上，年气温可达 16℃ 多，比现今高出 1℃—2℃（图三九）[53]。

大河村遗址位于郑州市北 12 公里大河村西南 1 公里处，1964 年秋发现，面积 300000 平方米，是新石器时代中晚期遗址，年代为距今约 5740—4410 年。它处在古湖旁，发现有房屋和大量的陶器。房屋的布局和墙壁基本保存完整，为我国同时期者罕见。严富华教授曾对这一遗址 7 米厚的沉积物进行了孢粉分析，剖面底部灌木与草本花粉较多，主要是禾本

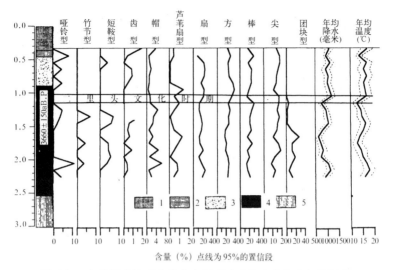

图三九 皂角树遗址西北角黄土剖面硅酸体变化与古气候图式

1. 耕土 2. 新近黄土 3. 褐色埋藏土 4. 深褐色埋藏土 5. 马兰黄土

科（Gramineae）和蒿属（*Artemisia*），占53.7%。乔木花粉基本上是飞翔能力大的松属（*Pinus*）花粉，阔叶树花粉少，说明大河村遗址前期植被为草原，气候较干。剖面中部，即剖面深度为3—7米，乔木花粉占优势，最多可达48.1%，其特点是除松花粉仍占多数外，阔叶树种桦（*Betula*）、栎（*Qurcus*）、榆（*Ulmus*）等花粉增多，最多可达22%。值得注意的是此一阶段还出现亚热带植物山毛榉（*Fagus*）花粉，还发现亚热带植物凤尾蕨（*Pteris*）和水蕨（*Ceratopteris*）的孢子，这说明大河村人生活在新石器中期的仰韶文化时期植被为森林草原，且伴湖沼，气候较今暖湿，为北亚热带气候环境。剖面顶部，即深度为3米以上的剖面，乔木花粉减少，阔叶树花粉更少，草本花粉与蕨类孢子增加，草本除多蒿属外，菊科（Compositae）

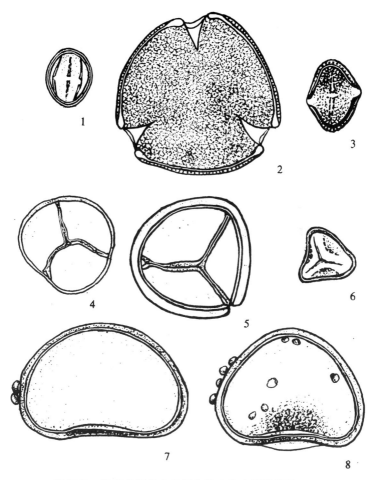

图四〇　河南省辉县北云门乡韩小庄全新世湖沼
沉积亚热带孢粉图（据曹兵武，1994 年）

1. 栎属（常绿栎类）（*Quercus*）　2. 八角枫属（*Alangium*）　3. 盐肤木属
（*Rhus*）　4. 石子藤石松（*Lycopodium casuarimodes*）　5. 海金沙属（*Lygodium*）
6. 里白属（*Hicriopteris*）　7. 石韦属（*Pyrrosis*）　8. 石蕨（*Saxiglossum angustissi-
mum*）　×800 倍

增加，蕨类孢子多为耐旱的卷柏（*Selaginella*），这说明大河村人在龙山文化时期植被草原化，气候变得较干凉[54]。

曹兵武先生对太行山南麓辉县北云门乡韩小庄距今约7070年前湖沼沉积进行孢粉分析，发现含常绿栎（*Quercus*）、八角枫属（*Alangium*）、盐肤木属（*Rhus*）、石子藤石松（*Lycodium casuarinodes*）、海金沙属（*Lygodium*）、里白属（*Hicriopteris*）石韦属（*Pyrrosis*）、石蕨（*Saxiglossum angustissimum*）亚热带孢粉组合，这再次证明全新世中期北亚热带环境已推到黄河以北（图四〇）[55]。

④环境与文化

我们首先回顾一下前面谈的周原黄土与文化层的关系。皂角树遗址新近黄土含唐墓，下伏汉代灰坑。褐红色埋藏土顶部含二里头文化灰坑。在礼村剖面，新近黄土下伏战国秦墓，褐色埋藏土下伏西周晚期灰坑。在皂角树遗址褐色埋藏土下伏东周灰坑。在皂角树遗址褐红色埋藏土顶部含二里头文化灰坑。在北刘村剖面厚15厘米的褐红色埋藏土下伏老官台文化层，上覆庙底沟文化层。荆山村剖面褐红色埋藏土底部含裴李岗文化层。这种不同时代不同质地的全新世黄土地层含新石器时代以来不同文化层，而且当地层发生变化时文化变化，而且地层与文化转变有同步性。这种耦合关系表明地层变化、环境演变与文化发展间的确存在呼应关系。

如果深入考察，就看到如下一些事实。裴李岗文化层和老官台文化层不是含在褐红色埋藏土底部，就是压在褐红色埋藏土之下。这说明在全新世中期之初，气候适宜期的到来，促使形成了有肥力的土壤层，为在距今8000—7000年农业兴起做了土壤条件的准备，因此距今8000—7000年裴李岗、老官台时代的农业兴起，有土壤物质基础，绝非偶然。曾经农业兴起的茫然，终由农业文化兴起的裴李岗、老官台文化地层与褐红色埋藏土壤存在对应关系而明了。新石器时代中期之初的人们及时抓住了气候环境明显好转的契机发展农业，开始摆脱长期单纯依靠采集、捕捞、狩猎的生活，迈上了自主创造农耕生活的康庄大道。

从孢粉分析和动物骨骼的研究说明，褐红色埋藏土的形成时期是栎等阔叶树增多最明显的时期，是含亚热带植物山毛榉、凤尾蕨、水蕨等和含亚热带动物獐、竹鼠等的时期。从物理化学研究也说明，此层褐红色埋藏土磁化率曲线形成峰值与铁元素增加成线性相关。从周原黄土颗粒分析看出，褐红色埋藏土是黏粒最富集的阶段。凡此都说明褐红色埋藏土形成在全新世气候适宜期中，前仰韶文化、仰韶文化、龙山文化、夏商周文化就是在这样一个水热环境条件最好的时候形成的。

还有班村遗址前仰韶文化层后磁化率曲线在上升中突然下降，与此同层位的褐红色埋藏土砂形成一短暂峰值，正值前仰韶文化与仰韶文化之交。还有，皂角树遗址硅酸体分析显示二里头文化层下伏层出现的低温，正值龙山文化与二里头文化之交。又有褐红色埋藏土与褐色埋藏土间正值西周转变为东周。褐色埋藏土与新近黄土间夹战国秦墓和汉文化层，正值公元纪年之初。这些说明距今约 7000 年、距今约 4000 年、距今约 3000 年、距今约 2000 年有降温事件的存在，剧烈环境变化促使文化转变。

（3）淮河流域

淮河流域位于 111°55′E—120°45′E，31°N—36°N。处在华北平原南侧，黄河与长江中下游之间。主源于嵩山、伏牛山、

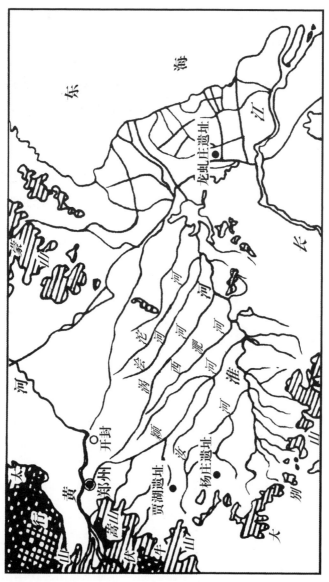

图四一　淮河流域典型遗址分布示意图

桐柏山和大别山，自西向东流，终入黄海。淮河有众多支流，成羽状水系，南支流短小，北支流长大，北支流自西向东有汝河、洪河、颍河、涡河、唐河等。据史料记载，黄河公元后几度夺淮入海。气候处在我国暖温带与亚热带之交，植被为暖温带落叶阔叶林和北亚热带含常绿阔叶树的落叶阔叶林之交，这里是古今人文荟萃之区（图四一）。

①上游

距今 9000——7800 年间的贾湖遗址，为华北新石器中期早段文化，为认识古文化和人与环境之间的关系提供了许多闻所未闻的知识[56]。

贾湖遗址堆积孢粉分析发现有水生植物香蒲（*Typha*）、莲（*Nelumbo*）、水蕨（*Ceratopteris*）的花粉；水生植物菱的果实；还发现有依湖沼而生活的动物獐、龟，龟主要是黄缘闭壳龟（*Cuora fiavomarginala*），中国花龟（*Ocadia sinensis*），鳖主为中华鳖（*Trion sinensis*），麋，扬子鳄，丹顶鹤，江西楔蚌（*Cuneopsis kiangsiensis*），巨首楔蚌（*C. captata*），楔丽蚌（*Lamprotula bazini*），拟丽蚌（*L. spuria*），失衡丽蚌（*L. torluosa*）。这说明贾湖先民是临湖沼而生活的。

山毛榉、枫香（*Liquidambar*）、里白、水蕨、凤尾蕨亚热带植物孢粉的发现，以及獐、扬子鳄，江西楔蚌等亚热带动物，以及古土壤为亚热带的黄壤。这些说明贾湖先民是生活在亚热带环境中的。

这样近湖沼、多水的亚热带环境，深深影响贾湖先人生活的方方面面。炭化稻粒和水稻硅酸体被发现，这说明贾湖人以种植水稻为生。贾湖人用骨制造多种多样的鱼镖，用来捕鱼，以骨制造针、锥、耜、柄、镞、匕生产生活用具，以骨粉制造陶掺和料，以龟壳、獐牙做随葬品，以丹顶鹤的腿骨做吹奏乐器多音阶的笛。此外，他们还建造了我国最北的干阑式建筑，以适应近水环境。随湖的涨缩居住场所还有退进。这些说明环境因素深深地烙印在贾湖先民生产、食、住等行为和精神生活上面。

至于文化的内涵传承，除看到个性鲜明贾湖文化外，也看到与黄河与长江流域文化的交流。这就与淮河处的地理环境在两河之间密切相关了。

不过，从孢粉分析中发现柽柳（*Tamarix*）来看，贾湖先民虽生活在水乡泽国之地，在陆地上也有含盐碱的沙壤地段存在。

处在驻马店市西南 6 公里的杨庄遗址，位于练江北岸二级阶地上，练江流入汝河，再入洪河，系淮河三级支流，是淮河众源头之一，处在桐柏山与华北平原之交，历为南北交通与文化传播的要道[57]。

杨庄遗址主含石家河文化，龙山文化和二里头文化的遗存，过了一千五百年才出现汉代文化层。

杨庄遗址发掘，以 400 平方米的发掘工作量居然修复了陶器四百余件。这为正确认识杨庄遗址文化分期，为建立该区文化谱系打下了难得的考古学基础。杨庄遗址的另一重要成就，就是在展开孢粉分析、植硅石分析、黏土矿物分析和种子、果实鉴定的基础上，恢复古环境，获知杨庄先民生活在亚热带环境下，依赖种稻为生。由于此时杨庄环境与汉江流域接近，故属汉江流域的石家河文化传播到淮河流域的杨庄。这就从考古学证明属南方的石家河文化可以跨地理区传到北方。继后环境略转干旱，文化呈现南退北进，石家河文化南返，黄河流域的龙山文化，二里头文化先后南迁到杨庄。此时北来的人们，为适应杨庄水多的环境，一改原在旱地种粟为主的生活方式，转而学会种稻。这生动地显示出人们为生存，会努力去适应新环境，创造新的经济生活方式。这些充分表现出史前与史初时，在环境诱发和求生的本能驱使下，杨庄先民的能动性和聪明才干。

总之，正如杨庄发掘报告所注意到的，杨庄地区处在南北之交，华夏、苗蛮与东夷文化在这里交汇和夏文化南向分布。

笔者等在 1992 年考察了驻马店市古文化，包括杨庄多处遗址，深感此处应注意南北过渡环境，故往驻马店市西南考察，越过桐柏山进入南阳盆地。在山北，见到黄土伏在山麓，见不到常绿阔叶树，走路时感到干爽；一到山南，难见到黄土，常绿阔叶树不时映入眼帘，而且晨露浸湿了双脚。真是一山之隔，判若两重天，桐柏山南北文化之差异与环境关系甚为密切，乃属必然。又 1995 年，为完成南水北调中线工程的考察任务，沿新修的郑州——南阳公路调查，到方城县独树镇搬倒井村的洪河源头，在郑南公路东侧见到埋藏黑色黏砂土湖沼沉积物，表明全新世中期洪河的源头湖沼多。这与 1992 年在杨庄附近见到的全新世湖沼沉积大致同期，也佐证了杨庄遗址发掘报告所说，杨庄先民确实生活在水乡泽国环境中。

②中游

淮河中游南依淮阳丘陵，北与蒙山西南丘陵为界，为黄淮平原与苏北平原接壤处，地势低洼，常积水，河流易改道，先民只得择丘而居。这里水热环境条件好，开放性环境，利于交流，故这里古文化发达。其特点鲜明，一是接纳各方文化，文化荟萃，河南龙山文化与山东龙山文化交汇，夷、夏、商文化交汇。另一方面是无主流文化，乃开放性和水患使然。

在苏北地区距今 6000 年前的新石器时代遗址上发现亚热带

喜暖动物骸骨，它们是獐、四不像鹿（麋）、水牛（*Bulalus bula-lus*）、象（*Elephas*）和丽蚌（*Lamprotus* sp.）。喜暖的花粉组合有青冈属（*Cyclobalanopsis*）、栲属（*Castanopsis*）、山毛榉属（*Fa-gus*）、山矾属（*Symplocos*）、枫香属（*Liquidambar*）、凤尾蕨（*Pteris*）、水蕨（*Ceratopteris*）、鳞盖蕨（*Microlepia*）、莲座蕨（*Angiopteris*）和剑蕨（*Loxogramme*），当时的植被为含常绿树的落叶阔叶林，气候为亚热带暖湿气候，年均气温较今高 1.5℃[58]。

③下游

淮河下游入江苏省境，乃入黄海前的一段，在苏北平原上绕流，与南边长江临近，相距仅 100 多公里。这里古今河网纵横，密如蛛网，湖沼遍地，地势低平，环境痹湿，而环境多受海进退控制，故居民生活特点与文化之发展，皆与此息息相关。

该区的原始文化，由于龙虬庄遗址的发掘内涵变得越来越丰富和清楚[59]。龙虬庄遗址位于江苏省高邮市一沟乡政府北 1 公里，地理位置为 119°30′E，32°50′N，海拔 2.4 米，遗址面积 4300 平方米。

龙虬庄遗址年代为距今 6600—5000 年，可以分为三期文化，第一期文化年代为距今 6600—6300 年；第二期文化分前后两段，前段年代为距今 6300—6000 年，后段年代为距今 6000—5500 年；第三期文化的年代为距今 5500—5000 年。

龙虬庄遗址坐落处，现仍为河网纵横、湖荡沼泽之处，故史前全新世气候适宜期的龙虬庄人生活时代，水热环境比现今有过之是不言而喻的，何况还发现有水生植物香蒲、黑三稜（Sparganiaceae）、水蕨和亚热带落叶阔叶树木枫香、山核桃（*Carya*）、山毛榉，亚热带常绿阔叶树栲（*Castanopsis*）、木兰（*Magnolia*）的孢粉，还发现有水稻扇形植硅石和大量炭化稻。

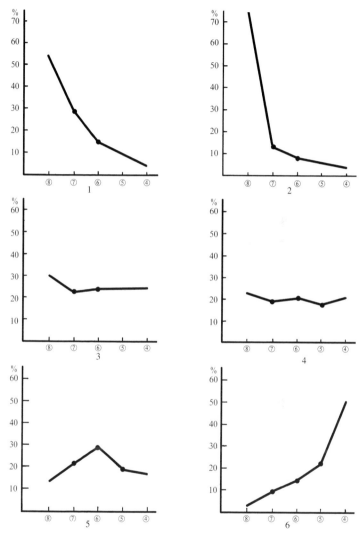

图四二　龙虬庄遗址生产经济发展趋势曲线图

（龙虬庄遗址考古队，1999 年）

1. 芡实　2. 菱角　3. 鱼鳖　4. 麋鹿　5. 家猪　6. 水稻

另外动物遗骨说明有多种软体动物、鱼、龟、鳖、麋与獐的存在，其中尤以麋残骨多。这些都说明龙虬庄先民生活时期植被为森林——草原——湖沼景观，气温较今高 2℃—5℃，降水较今多 200—300 毫米。

这里要说的是花粉组合中禾本科花粉含量最多，达 42.7%，这其中除有一般的禾草植物外，很可能含有水稻的花粉。鼋的存在说明，龙虬庄人生活在河海之交地区。

人依环境而生长，龙虬庄先人的食物来源较丰富，"各种动物类食物呈平稳发展的趋势，虽然出现了家畜饲养，但从量上来看，似乎家畜在其中仅起着调剂和补充的作用，家畜的出现并未能取代捕鱼和狩猎；而植物类食物则不同，当农业经济尚不发达时，采集经济占有相当大的比重，当农业经济迅速发展时，采集经济所占的比重则急剧下降，农业经济的发展呈取代采集经济的趋势"[60]（图四二）。

龙虬庄的先民因 7000 年前海退而来，也因 5000 年前海进而去。

（4）山东省

①概述

山东省是我国受海洋环境影响很大的一个省，除西北、西、西南与华北平原相连，胶东的北、东、南三面均临渤海与黄海，形成山东半岛，或曰胶东半岛，自然受太平洋形成的东南季风影响大。在新石器时代的全新世中期，东南季风强烈，高温多降水，气候适宜期，"九河"自西东流，至鲁西南受胶中山地阻挡，在其西的洼地积水，时恰值高海面时期，鲁西湖沼受海水顶托，排水受阻，积水更甚，故形成巨野泽等。湖沼广布，泥炭堆积，致造成山东相对封闭，相对独立的状态。这就是具有鲜明地域特点海岱文化形成的重要环境背景。

　　山东可分出四个地貌单元，即鲁中南低山、丘陵区，鲁西、西南、西北冲积与湖积平原区，胶莱冲积平原区和胶东半岛低山、丘陵区。在这四个地貌区域中形成了众多新石器文化遗址（图四三）[61]。

图四三　山东史前时期主要遗址分布图（何德亮，2000年）

1、2. 章丘城子崖、小荆山　3. 邹平丁公　4、5. 广饶傅家、五村　6. 临淄后李　7. 青州凤凰台　8. 寿光边线王　9. 潍县鲁家口　10. 潍坊姚官庄　11. 冒乐邹家庄　12. 临朐西朱封　13. 禹城邢寨汪　14. 茌平尚庄　15. 阳谷景阳岗　16. 梁山青堌堆　17. 菏泽堌堆　18. 曹县莘冢集　19. 汶上东贾柏　20、22. 兖州西吴寺、王因　21. 泰安大汶口　23. 曲阜西夏侯　24、25. 泗水尹家城、天齐庙　26. 邹县野店　27、28. 滕州岗上、北辛　29、30. 枣庄建新二疏城　31. 临沭大范庄　32、55. 沂水湖埠西村、南洼洞　33、34. 莒县大朱家村、陵阳河　35—37、56. 日照尧王城、东海峪、两城镇、秦家官庄　38. 五莲丹土　39. 诸城呈子　40. 胶县三里河　41. 荣成河口　42. 牟平许家疃　43. 烟台白石村　44. 福山邱家庄　45、57. 栖霞杨家圈、郝家楼　46、58、59. 蓬莱紫荆山、石门口、河东姜家　47—52. 长岛南长山岛、庙岛、大黑山岛、北长山岛、砣矶岛、大钦岛　53. 沂源土门　54. 新泰乌珠台　I. 鲁中南地区　II. 胶莱平原区　III. 胶东半岛区　IV. 鲁西南——鲁西北平原区

山东的新石器中期文化大体可分为两个系统，即西部的后李、北辛、大汶口文化系统，东部的白石村、邱家庄和紫金山文化系统。新石器晚期统一为龙山文化。

②鲁西地区

鲁西主要是指鲁中南低山、丘陵区及其周边平原地区。鲁中南低山、丘陵区包括海拔 1000 米以上的泰山、鲁山、蒙山和沂山，地势陡峻，地形多变。水系呈放射状，每条河流阶地、台地都成为人们的聚居理想处，也是文化传播的通道。

在滕县东南有北辛遗址。种粟，动物计有家猪、牛、梅花鹿、貉（Nyctereutes procyonoides）、獾（Meles meles）、龟、青鱼（Mulopharyngodon piceus），此外还有目前生活在长江流域的麋、獐和丽蚌（Lamprotula leai）[62]。大汶口河中游的大汶口遗址，系大汶口文化命名地。该期文化早期兖州王因遗址，发现亚热带动物有扬子鳄（Alligator sinensis），亚热带植物有蜈蚣草（Pteris wittale）、海金沙（Lygodium japonicum）[63]。大汶口文化中、晚期的枣庄建新遗址，松与耐旱草本花粉增多，指示该期较前偏干凉，但含亚热带蕨类中华里白（Hicriopteris chinensis）。这说明该期气候仍是暖湿的[64]。龙山文化时期兖州西吴寺遗址龙山文化堆积中的孢粉分析结果，显示含温带植物榉属（Zelkova）等花粉，引人注意的是发现与小麦相似的花粉（Triticum cf aestivum）[65]，在同一遗址的西周至春秋文化层中同样被发现。

在鲁中低山、丘陵区的泰山与鲁西北平原接壤处，自西向东分布有一系列遗址，如章丘城子崖、邹平丁公、临淄后李、青州凤凰台与寿光边线王等遗址，考其分布除与从泰山北麓流出的诸河沟有关外，也与这里山间盆地和山麓分布有山东最多的黄土有关。黄土分布在这里前第四纪地层上，披覆在山坡上，覆盖在盆地中的台地与阶地上。计有全新世黄土，马兰黄土，还有和中更新世离石黄土相当的黄土。黄土分布高差可达100—200米，厚度5—7米，或达10—15米[66]。这里的黄土吸引着人们在这一带聚居，致形成人文荟萃之区。

鲁西南、西北地区是山前平原区，这里黄河由南向北流入渤海。在新石器时代这里非黄河，而是源于河南的济水，属于我国四渎之一。黄河后来袭夺济水，取代了济水。如前所述，这里新石器时代中期多积水，故在北辛文化和大汶口文化期这里尚无人居住，没有遗址。大汶口文化晚期人类有更大的适应和改造环境的能力，气候暖湿度由峰值下降，人类才进入到这里。人们为防洪和防潮湿，筑台而居，当地称为堌堆，这种堌堆仅菏泽地区就发现一百一十二处。堌堆遗址一般高2—5米，有的8米以上。堌堆面积一般1000—8000平方米[67]。

鲁西北有好几处后李文化遗址，说明这里8000年前就有新石器时代的人类聚居。后李遗址的孢粉分析说明，主要花粉是蒿、禾草、菊，尚有少量蓼、香蒲，草本花粉占优势，达76.3%—91.1%。木本植物花粉有松，占12%，另有少量桦、栎、榆、柳、胡桃等阔叶树花粉。这说明距今8500—7300年后李文化时期的植被为草原，或森林草原，在湖沼中生长有香蒲、莎草（Cyperaceae）、孤尾藻（Myriophyllum）和水蕨等。现今离黄河口约100公里的广饶五村遗址，含距今5000年的大汶口文化，含丰富的动物遗骸和蚌壳，有河海之交的文蛤、毛蚶，有生活在亚热带河湖中的钮蚌（Arconaia lanceolata）、楔蚌（Cuneopsis）、圆头楔蚌（Cuneopsis heudei）、背瘤丽蚌（Lamprotula leai）与楔形丽蚌（Lamprotula bazini）[68]。这些动物再次说明距今 5000 年山东属亚热带,且广饶五村离济水入海口不过几公里。

③胶东半岛地区

胶东半岛是指鲁东部伸入渤海与黄海中的地区,包括由海拔 1000 米以下的崂山、昆仑山、艾山和北顶峰组成的低山、丘陵、沿海地区。丘陵较平缓,海拔多在 200 米以下。港湾南部有胶州湾、崂山湾、丁字港、五垒岛湾和石岛湾,北部有莱州湾、龙口湾和特殊海岸形成的名胜——蓬莱、芝罘岛、成山角等。河流短小,南部有南胶河、五龙河、乳山河、母猪河等,北部有大沽河、白洋河和黄水河等。

胶东半岛新石器文化序列已有了眉目,但还有待深研。

袁靖博士等对这里沿海距今 6000—4860 年的二十个贝丘遗址进行了环境考古学调查、试掘和研究,取得了丰硕的成果,并写出了我国第一部贝丘遗址环境考古专著《胶东半岛贝丘遗址环境考古》[69]。他们把这里的考古文化序列分为白石村一期、邱家庄一期和紫金山一期。他们发现白石村一期文化遗存难以见到,普遍是邱家庄一期和紫金山一期文化,而且二者共存。白石村一期、邱家庄一期与鲁西的北辛文化联系不多,到紫金山一期的晚期看到鲁西大汶口文化的因素,后来统一为龙山文化。

袁靖博士等认为贝丘遗址是人类索取海产贝类食品遗弃的贝壳堆积而成的。这是人类为生存对环境的一种适应的表现。其形成受控于 4 米以上的高海面出现,其消亡也与海退有关。贝丘遗址处的地貌,依山丘,面低地,直接或顺河谷蜿蜒与海相连,但普遍离海在 3 公里以内。发现动物遗骸包括软体动物二个属,八个种;节足动物一个目;脊椎动物三科十二个种。

根据生物反映的环境为亚热带，这与笔者在荣城泥炭中发现过
山毛榉花粉是一致的。贝丘遗址依构成的贝类异、同区分为八
组。以牡蛎（*Ostrea* sp.）为主的遗址有北仟、南仟、东演堤、
泉水头。以牡蛎、泥蚶（*Tegillarca granosa*）为主的遗址有河
西乔家、河口。以牡蛎、蛤仔（*Venerupis variegata*）为主的遗
址有南王绪、北兰格。以多形滩栖螺（*Batillaria multiformis*）、

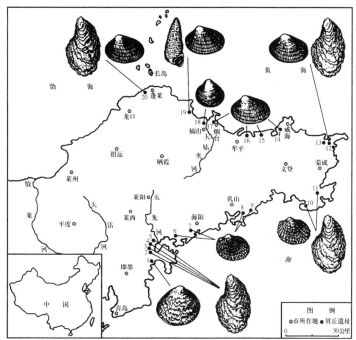

图四四 胶东半岛贝丘遗址贝类分布示意图

（中国社会科学考古研究所，1999 年）

1. 即墨丁戈庄 2. 即墨东演堤 3. 即黑南仟 4. 即墨北仟 5. 莱阳泉水头 6. 海
阳桃林 7. 海阳蛎岔埠 8. 乳山翁家埠 9. 乳山桃村王家 10. 荣成河口 11. 荣
成河西乔家 12. 荣成北芝格 13. 荣成东初 14. 威海义和 15. 牟平蛎碴堆
16. 牟平蛤堆顶 17. 烟台白石村 18. 福山邱家庄 19. 蓬莱大仲家 20. 蓬莱南王绪

蛤仔为主的遗址有大仲家。以蚬（*Corbicula* sp. ）为主的有邱家庄。以蛤仔为主的遗址有白石村、蛤堆顶、蛎碴堌、义和。以泥蚶为主的遗址有翁家埠、蜊岔埠、桃林、桃村王家。以文蛤（*Meretrix lusoria*）为主的有丁格庄（图四四）。这些贝丘遗址按贝类的异、同分组，反映了各组遗址间小环境的差别。他们特别指出泥蚶只生长于南岸，是由于南岸气温较高，并且适于泥蚶生长的泥沙底质弱谷发育。蛤子只生长于北岸，是由于北岸适于蛤子生存的沙质海岸发育。他们对贝丘遗址不同层贝壳大小尺寸的测量，发现有下大上小的变化趋势，差别约在5—10毫米，这是人类过度捕捞的结果。贝丘遗址消亡时间在距今5000年前左右。这与环境由暖湿变温和略干有关，但主要是由于此时紫金山一期文化受到大汶口文化的影响，西来的农耕取代原来的采集、捕捞生活的结果，是人类生存能力提高和文化进步的表现。

2. 华中区

（1）长江三峡地区

第三纪晚期印度板块与亚洲板块碰撞、俯冲，引发青藏高原的隆升，导致西藏高原东侧众水汇集，冲破巫山东泄入东海而形成浩荡长江。

长江在冲破巫山时形成瞿塘峡、巫峡和西陵峡，在峡间形成宽谷。中国科学院古脊椎动物与古人类研究所黄万波先生在此发现了200万年前的巫山人。该所卫奇先生在此发现一些旧石器遗址。三峡的各峡陡峭，江水湍急，人难立足，自然不是人类赖以聚居处，故遗址稀少，但也不是没有。在瞿塘峡西口与支流草堂河相汇间岩坡上有高出江面80米的新石器时代晚期老关庙遗址。峡谷间的宽谷中，河岸相对较缓，阶地与台地发育，江水流速也低一些，故峡间宽谷中较适合人类聚居，遗址分布也较多。著名的城背溪文化（距今 8200—6000 年）、大溪文化（距今 6000—5000 年）命名处均坐落在三峡宽谷中。在巫山县长江支流大宁河流域遗址众多，计有东山嘴、欧家老屋、魏家梁子、枇杷洲、涂家坝、张家湾等。

在瞿塘峡以西的峡江地区发现有哨棚嘴、中坝、玉溪等遗址。

在三峡地区形成一个特殊的文化区，成长的地域环境，概括起来有两方面，一是季风影响，二是地势影响。

就季风影响来说，此处受西南季风和东南季风双重影响。地处 31°N，但属中亚热带，水热环境好，至今在万州一带盛产名果脐橙。三峡杨家嘴遗址发掘出一批饰有橘皮纹饰的陶器，证明三峡至少在西周以前已有橘林[70]，至于全新世气候适宜期的新石器时代，这里有喜暖的爪哇犀、象等大型动物[71]，还有獐、狸、狼、豹等动物[72]。李白著名诗篇"两岸猿声啼不住，轻舟已过万重山"生动地记载了三峡有喜暖动物猿，而且不少。这为黄万波先生考古证实。但是，从南北向流的大宁河流域各遗址、大溪等遗址都是坐落在黄土堆积上来看[73]，这里也受到了西北蒙古高压气流的影响。黄土堆积为三峡先民生活提供了物质基础，这可能也是三峡地区文化接受中原文化影响的原因之一。

就地形因素而言这里山高水深，山夷平线达 1500—3000 米，而低谷不过 100 米左右。山高自然垂直带为形成丰富的动植物资源创造了条件，而江中鱼类多，又有回流产卵的条件，故三峡尽管因地势陡而不利发展耕作，但采摘、捕捞与狩猎业发达。瞿塘峡东西文化有早晚和内涵差异，看来与瞿塘峡峡谷深、窄、险和山高陡峻的阻隔作用有关，也与其东西人类居住的一级阶地形成有别有关。东边的一级阶地高多为 40—50 米，而西部高多为 10—30 米。两者相较差 20 米以上，故西部在哨棚嘴、中坝和玉溪遗址含多层洪水沉积，这些自然会给先人的居住、生活带来影响。又三峡相对闭塞的环境，一方面使人们生活环境稳定，不易受外来侵扰，有利文化孕育，但另一方面不利于与外界交流，有碍文化的发展。

（2）长江中游地区

这里是洞庭湖、鄱阳湖区域，如果加上古云梦泽以及注入湖泽的汉江、湘江、赣江，那么，长江中游真正是以长江串起的江河湖泽之区。这里一反三峡之狭窄，一下变成纵横 200—300 公里之广阔的江汉平原，故这里素有鱼米之乡美誉，也有"湖广熟，天下足"的说法，道出了长江中游富庶、适宜人生和对中国之重要。

水多、鱼多，自不待言，而米多，其发生发展，却需要考证，近些年来在湖南玉蟾岩和江西仙人洞、吊桶环遗址发现万年的古稻[74]，以及在湖南澧水下游彭头山、城头山和十八垱遗址发现距今 7000 年前的稻作农业[75]。这些说明长江中游是稻的重要起源地，严文明先生认为这些地点处在普通野生稻分布的北部边缘，比野生稻分布的中心区华南、东亚少多了，人们为生存只得培植稻种才能安全过冬而得以继续繁殖。严先生对这种古稻起源地域特点，以"稻作农业起源的边缘理论"解释之[76]。

上述稻作起源遗址中，除发现超一万年的古稻外，且同时发现古陶。这一再证明我国古陶形成历史悠久，陶器起源与农业兴起有内在关系。

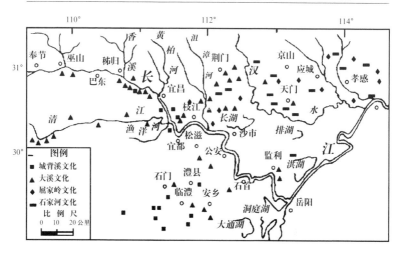

图四五　长江三峡及江汉平原地区新石器遗址分布图

（据朱诚，1997 年，笔者重清绘）

　　长江中游由于湖泽江河水网发达，影响到人类生活方方面面。如对遗址分布有明显的影响，早期的城背溪文化、大溪文化的遗址多分布在三峡地区的宽谷中，或只分布在古云梦泽、洞庭湖的边缘地带，这可能与其水域频繁变动有关。屈家岭文化（距今 5000—4600 年）、石家河文化（距今 4600—4000年）遗址主要分布在地势较高，洪水难及的荆北丘陵和汉水流域（图四五）[77]。

　　长江中游新石器时代有石家河、门板湾、城头山等城濠聚落，所谓城濠聚落是指在低地修建的有城墙和壕沟的中心聚落，是既要依水，又要防洪和防入侵的一种特殊建筑形式（图四六）[78]。城濠聚落是新石器时代人类居住对多水环境适应、利用和改造的杰出创造。

　　汉江中上游，有丹江等众多支流，穿行在伏牛山、秦岭与

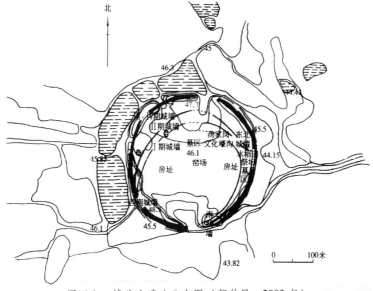

图四六 城头山遗迹分布图（郭伟民，2003 年）

大巴山之间，其文化与江汉平原有别，而与中原文化接近。在丹江源头陕西省商县县城东南约 7 公里的丹江南岸二级阶地上有紫荆遗址。遗址位于秦岭与伏牛山之间，处在富庶的百里商丹盆地的西端。荆山遗址文化内涵丰富，分五期，自下至上依次为前仰韶文化的老官台类型、仰韶文化的半坡类型和半坡晚期类型、龙山文化和西周文化堆积。其年代约距今 5800—3000 年。紫荆遗址含许多动物遗骸，多破碎，有明显的砍砸、切削和烧烤的痕迹，显然是人类食后丢弃的动物骨骸。从采获四百九十五件残骸中鉴定出十五个类型的动物（表六）[79]。

从表六中可察见如下三点环境与文化意义：

第一，喜湿热森林环境的犀牛、野猫、斑鹿，尤其是苏门犀已经出现。这种身体短小的犀牛现成为濒危动物，分布在孟

表六　　　　紫荆动物群在各文化层中的分布（王宜涛，1991 年）

动物遗骸数目　　文化　地层　动物群成分	第六层 老官台	第五层 半坡	第四层 西王村	第三层 龙山	第二层 西周
杜氏珠蚌 *Unio douglasiae*	21	36			
中华圆田螺 *Cipangopaludina cathayensis*		19	28		
青　蛙 *Rana nigromaenlata*		77			
中国鳖 *Amyda Sinensis*		53			
鼢　鼠 *Myospalax* sp.				11	5
野　猫 *Felis catus*				1	
家　犬 *Canis familiaris*	2	9	7	1	
苏门犀 *Didermocerus sumatrensis*		1			
家　猪 *Sus domesticus*	4	11	38	48	
黄　牛 *Bos taurus domestica*		2	4	12	2
绵　羊 *Ovis shangi*					5
獐　　 *Hydorpotes inermis*	5	20	16	3	
斑　鹿 *Cervus nippon*	18	44	57	4	1
兔　　 *Lervus* sp.					
黄颌蛇科 Colubridac		2			
鸟　纲 Avesves		1		1	

　　加拉湾以东的缅甸、泰国、马来西亚和印尼苏门答腊与加里曼丹来看，该处距今 5800—4000 年森林茂密，气候暖湿。

　　第二，从龙山时代出现鼢鼠来看，该处草地出现，植被与气候已不如前。西周出现喜冷的绵羊，说明距今 3000 年的商洛地区环境大不如前。

　　第三，从家猪、黄牛残骸增多和捕食的动物减少来看，由于可捕食的动物减少，他们不得不多养家畜，以增加肉食来源和发展农业。

在汉江上游的秦巴山地之间的汉江两岸，新石器时代先辈依平原台地和河流阶地生活，由于环境不同，其制造的石器种类和数量有别。依平原台地生活者不需砍伐森林，故砍伐类工具石斧、石锛和刀口锋利的盘状器只占 16:96% —18% ，而石铲、骨铲等翻土工具多，可占 29.6% ，又狩猎工具石镞等多，说明农业与狩猎在平原台地生活人群中较发达。依阶地生活者需要砍伐森林来发展农业，故砍伐类工具多，占 55.6% —65.7% ，且捕鱼的石网坠较多，说明在阶地上生活的人群农业与捕鱼业较发达[80]。

在汉江上游南郑县石拱乡国林村龙岗寺遗址半坡文化层中，也发现与紫荆遗址类似的动物群，其中包括喜暖湿的犀牛、斑鹿与野牛[81]。

（3）长江下游、宁绍平原地区

长江下游与宁绍平原自然环境大致相同，所以合并叙述。

长江下游是指江西湖口以下至入海口的长江段落。长江下游又可分作两部分。从湖口到镇江，为苏皖平原，由于这里长江两侧有山丘，故平原狭小，形状纵长。从镇江以下为辽阔的长江三角洲平原，地势低平，海拔 5 米以下。包括以太湖为中心的上海市、苏南平原和杭嘉湖平原等。宁绍平原海拔不超过20 米。三角洲平原的最大特点受海洋和东南季风影响明显。现今长江三角洲是在距今约 7500 年以来长江带来的泥沙沉积而成。

本区是我国古文化发达地区之一，旧石器文化有汤山猿人、和县人和人字洞遗址等。

1993 年在南京东郊汤山镇西汤山葫芦洞发现了南京直立人化石，该区距南京约 26 公里。葫芦洞发育在早奥陶世红花园组灰岩中，洞中含中更新世洞穴沉积物。葫芦洞长 64 米，宽

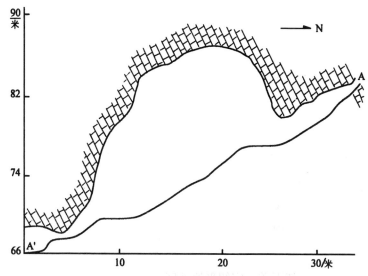

图四七　南京汤山葫芦洞剖面图（吴汝康等，2002 年）

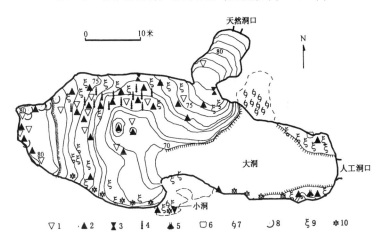

图四八　南京汤山葫芦洞及小洞化学沉积物分布图（吴汝康等，2002 年）
1. 石钟乳　2. 石笋　3. 石柱　4. 鹅管　5. 石幔　6. 石幕　7. 卷曲石　8. 流石
坝　9. 钙板　10. 石葡萄

25 米，东西向伸展。洞北壁有一洞口，洞口内高差 25 米。洞南壁下方有一小洞。洞内沉积物主为碎屑沉积物，次为碳酸盐沉积。洞穴堆积年代为距今 50 万—1 万年（图四七、四八、四九）[82]。

前后发现人头骨化石二具。南京 1 号头骨，女性，二十一至三十五岁，直立人，发现于小洞，距今 50 万年，具不同于北京直立人的形态特征，为中国古人类网状进化模式提供了新材料。

南京 2 号头骨，男性，三十至四十岁，直立人向智人过渡。发现于人工巷道（剖面 Ⅱ）中上部，距今 529000—240000 年，为中国古人类连续进化附带杂交的说法和现代人多地区起源假说提供了形态学支持。

在小洞与大洞中出产的动物化石，属北方动物群，大洞产的动物化石与北京直立人第 1 地点相同。

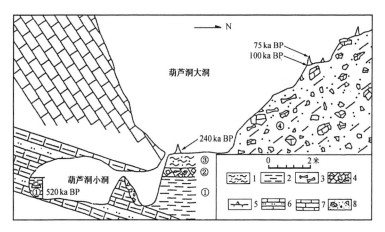

图四九　南京汤山葫芦洞洞穴堆积剖面（汪永进等，1999 年）

1. 斑杂状黏土层 2. 黄红色黏土和泥质物（具纹层构造） 3. 哺乳动物化石 4. 钙质胶结角砾层 5. 钙板和石笋 6. 杂色钙质砂泥岩 7. 奥陶系灰岩 8. 灰岩角砾层

孢粉分析说明葫芦洞附近植被为温带型和亚热带型。温带型植被可分为落叶——阔叶林，针叶林——阔叶混交林和森林草原——草原，与华北现今植被类似。亚热带植被中含枫香和杨梅类。孢粉组合反映古气候冷暖变化。

古气候和氧同位素研究说明，南京直立人生活在中更新世冰期时，气候干冷，年均温较今低 5℃—10℃，年降水较今少500—600 毫米，约为今的一半。

新石器时代有距今约 5000 年的薛家岗文化，命名处在安徽省潜山县薛家岗。距今约 6000—5000 年的青墩文化，命名处在苏北海安青墩。距今约 6000—5500 年的北阴阳营文化，命名处在南京市内北阴阳营，相当于崧泽文化早期。距今约7000—5000 年的河姆渡文化，命名处在浙江余姚河姆渡。距今约 7000—5800 年的马家浜文化，命名处在嘉兴马家浜。距今约 5800—5000 年的崧泽文化，命名处在上海市青浦崧泽。距今约 5000—4000 年的良渚文化，命名处在浙江余杭县良渚。

学者们对长江三角洲做了许多全新世古环境研究，而且也注意到把古环境研究与人类活动的历史结合起来研究。但是使人困惑的，一是全新世高海面到底是在什么时候，其进退如何，影响怎样，似乎还有待深入研究，这样海进与人类行为关系的分析就难说得清楚了。二是用孢粉分析来恢复古环境自然是好的，也确实取得重大成就，通常得出的结论为这里全新世气候适宜期的植被是含常绿树的落叶阔叶林，或叫做常绿落叶阔叶林，其根据多谈到含栲属（*Castanopsis*）花粉。其实栲与同科的栗属（*Castanea*）、石柯属（石栎属）（*Lithocarpus*）的花粉在形态上很难区别，虽有的学者[83]已注意到这一问题，但大多仍未注意。栗属在我国有四种，南北均有。这样全新世适宜期长江三角洲地区植被恢复就难于确切推定了。如以此来推测古气候，或再与人类行为联系，不免论证欠缺。

长江三角洲海侵与古文化关系的研究受到人们的广泛关注[84]。朱诚教授等对距今 7000—4000 年长江三角洲三十四个马家浜文化遗址、四十七个崧泽文化遗址和一百二十四个良渚文化遗址，合计二百零五个新石器时代遗址做了遗址分布与海拔高程关系研究。他们发现有一些遗址分布在太湖周边海拔 0—2 米低平地上，计有距今 7000—5800 年马家浜文化十一个；距今 5800—5000 年崧泽文化十二个；距今 5000—4000 年良渚文化三十个；其他遗址分布位置不是比此高，就是比此还低，如在 -5 米的淀山湖、阳澄湖等湖的湖底。这说明长江三角洲新石器时代遗址可以连续分布在海拔 0—2 米或以下，而且愈来愈多[85]。朱诚教授等对著名的江苏金坛三星村遗址研究中，在该遗址马家浜文化层和崧泽文化层均未发现有孔虫，但在其马家浜文化层下伏地层中发现暖水型毕克卷转虫（*Ammoniabeccarii/tepida Group*）、深陷诺宁虫（*Nonion ktitaense/depressulum Group*）、透明筛九字虫（*Cribrononion incertum*）和多变假小九字虫与多角口室虫组合（*Pseudononionella Variabilis/stomoloculina multacula Group*）。他们还对距今约 7000—5000 年的河姆渡遗址打钻取样，做了有孔虫、孢粉、含盐量、沉积物和地球化学测试分析。在 4 米河姆渡文化层下伏青灰色淤泥中发现大量有孔虫，有浅海广盐性毕克卷转虫（*Ammonia beccarii vars Clinne*）。这反映该沉积物形成于水深 1—50 米的滨岸——内陆架浅海环境。河姆渡文化层直至地表层中均未发现有孔虫。因此，他们认为长江三角洲和宁绍平原距今 7000—5000 年从未发生过高海面。至于在这一地区曾偶尔发现有孔虫，是全新世高潮时，海水沿河谷入侵引起的，并不能作为全新世高海面的依据。他们认为长江三角洲全新世高海面出现在距今7000 年前。"从地貌发育、地形演化、河湖沉积特征、古脊椎动物与微体古生物以及古文化遗址分布等均清楚表明，全新世以来除上海马桥岗身以东及南部（杭州湾北部）地区外，整个长江三角洲太湖平原广大腹地，均未遭受到海侵作用"[86]。

上海沉积分区，可以分为西部的高地（Ⅰ区），东部贝壳

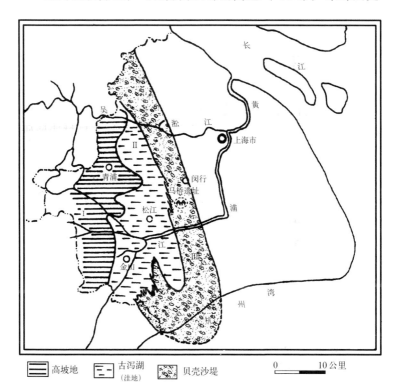

高坡地	古泻湖（洼地）	贝壳沙堤	0 ____ 10公里

图五〇　上海地区沉积分区（距今 4000 年）

（据宋建，2000 年，笔者补绘）

砂堤，或叫"反曲砂嘴沉积区"（Ⅲ区），两者之间为泻湖沉积
区（Ⅱ区）（图五〇）[87]。依朱诚教授的意见上海沉积分区均应
属陆地，只是贝壳砂堤（反曲砂嘴）以东是全新世海侵区。

马桥遗址位于上海市区西南的闵行区马桥镇，即图五〇所
示的贝壳砂堤上。马桥遗址主要有良渚文化和马桥文化。马桥
文化形成于距今 3900—3200 年，延续七百年，系马桥文化的
命名处。马桥遗址 93T1011 北壁地层剖面（复原），也是马桥
遗址的典型剖面，位于贝壳砂堤西岸，贝壳砂堤上覆八个沉积
层（图五一），自上而下为（笔者做了地层标示）[88]：

全新世（Q_4）：

全新世晚期（Q_4^3）：

第一层　表土层。厚度 0.2—0.35 米。

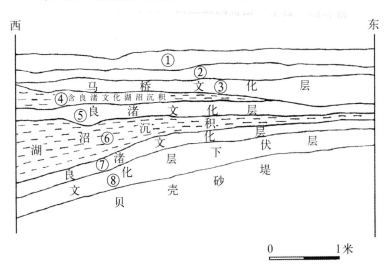

图五一　马桥遗址 93T1011 北壁地层剖面

（宋建，2000 年，笔者补绘、注）

第二层　文化层之上的堆积。含少量稻亚科扇形硅石。

A 层　色黄，质适中。厚 0.05—0.35 米。

B 层　色灰黑，质松。厚 0.05—0.35 米。

全新世中期（Q_4^2）：

第三层　马桥文化层。色深褐，质紧密，呈胶结状，含稻亚科扇形硅石。含猪骨少，鹿骨多。厚 0—0.55 米。

第四层　黏土。青黄色，黏，锈斑，近水平，粒度分析表明系淡水湖沼沉积，发生过洪水泛滥。层顶面含一座良渚文化墓（IM_4），形成于良渚文化期。厚 0—0.25 米。

第五层　良渚文化层。含许多良渚文化遗物，较水平。据 IT811 北壁分析，含稻亚科扇形硅石多。含猪骨多，鹿骨少。厚 0—0.35 米。

第六层　黏土。岩性同第四层。不含文物。自东向西明显倾斜。厚 0—0.6 米。

第七层　良渚文化层。含许多良渚文化遗物，由东向西倾斜，含稻亚科扇形硅石多，多可达 10.9%。厚 0—0.35 米。

第八层　不见人工制品。下伏贝壳砂堤。

上述地层情况说明，“从良渚文化到马桥文化，人类获取肉食资源的形式从以家畜饲养为主，狩猎活动为辅转变为以狩猎活动为主，家畜饲养为辅”[89]。促使这种生活方式的转变，环境因素是水域扩大，森林草原和野生动物增多；社会因素，可能由于良渚文化衰落，人口急剧减少，农田荒芜[90]。

孙湘君先生指出河姆渡遗址“花粉谱和叶果实中有台湾枫香、蕈、南酸枣、红线忍冬、九里香、狭叶海金沙、柳叶海金沙、带状瓶尔小草、褐叶星蕨、肉质伏石蕨、中华剑蕨等目前见于海南岛和两广地带。看来当时气候与现在的海南岛及两广地区近似"。河姆渡新石器时代遗址还发现了大量的动物骨骼，计六十一种，包括软体动物、鱼类、鸟类、爬行类和哺乳类，其中以哺乳类最多，占三十四种。发现动物之多是由于河姆渡遗址有山、丘陵、平原、河、湖、沼泽与海洋等多种多样环境适合动物生存。动物中绝大多数为现生种，属于热带与温带的过渡类型。从亚洲象（*Elephas maximus*）、苏门犀（*Didermocerus sumatrensis*）、爪哇犀（*Rhinoceros sondaicus*）、水鹿（*Cervus unicolor*）、红面猴（*Macaca speciosa*）和苏门羚（*Capricornis sumatraensis*）属热带与南亚热带动物绝灭种来看，与河姆渡遗址的植物研究一样说明河姆渡先民生活在热带与南亚热带环境下。他们过着采集、捕捞、狩猎和种植水稻的生活，并且会饲养狗、猪与水牛，利用动物骨骼做成耕土工具骨耜等生产、生活用品[91]。河姆渡人早期生活在近热带季雨林环境下。这是全新世中期前段东南季风沿粤、闽海岸北上影响到河姆渡地区，为河姆渡人稻作提供了优越的水热环境，所以河姆渡人稻作发达。就整个长江三角洲来说，据许多研究，新石器中期应是常绿阔叶林或常绿落叶阔叶林亚热带环境，虽然水热环境不如河姆渡人早期生活环境，但也适合稻作，于是在圩墩[92]、龙南[93]、东山村[94]、徐家湾[95]等遗址中发现稻作的硅酸体、花粉或稻粒。长江三角洲的新石器时代活跃着许多动物，举常州圩墩新石器遗址马家浜文化层出土的动物看，含十三个属种，"四不象、鹿、獐、水牛所反映的是河沼芦荡的环境；梅花鹿、麂（*Muntiacus sp.*）、野猪（*Sus sp.*）、小灵猫（*Viverricula indica*）反映的山林环境；貉、獾等反映的是土岗土丘灌丛地形。海豹（？）和蟹獴（*Herpestes urva*）说明遗址离海边河口不远。龟鳖类和多种鱼，以及螺、蚌、蚬所反映的是淡水环境。鸟类中多数是芦荡水鸟。有意义的是鱼类中的鲻（*Mugil sp.*）是一种宜淡宜咸的河口环境中的鱼类（入江河作产卵回游）。大型的爬行动物虽然主要生活在淡水之中，有时也能到河口近海生活。至于狗和猪是家养的动物"[96]。

在长江三角洲地区，人们为了适应湖沼、芦荡、潮湿和梅雨的环境，多居台墩，或葬于台墩。这种台形遗址顶平或为缓坡；四周是绝壁或陡坡；高出地面 3—6 米，大者 50000—60000 平方米，小者约 300 平方米。分布范围，东到宁镇地区东部的丹阳金坛平原地区，南抵皖南至浙江天目山，西至芜湖一带长江右岸，北过长江在南京江浦仪征一带也有分布，其中宁镇地区为台形遗址的分布中心，约可超七百处[97]。

长江三角洲的新石器遗址中往往可以看到洪泛沉积物，造成文化断层，分别发生在距今 8200、7800、7600、7500、6500—6200、6100、5600—5500、5100—4800、4200—4000、3700—3600 和 2200 年。其中尤以良渚文化晚期明显，这种多洪灾是由于东西向水系格局和与其平行分布的降水带移动造成的[98]。发达的良渚文化突然消失，从沉积状况分析应是洪水所致[99]，也有人认为与距今 5400 年的降温和随之而来的大洪水密切相关[100]，还有人认为是社会原因造成的[101]。

3. 华南区

本区是指 26°N 以南，南岭以南的两广、海南、香港、澳门、江西北部、福建和台湾地区。本区气候暖湿，植被丰茂，属南亚热带常绿阔叶林、热带季雨林区。

（1）两广地区

两广多丘陵、少山地的土地上流贯由西向东长 2000 多公里的珠江。人们依靠这里特有的山水生生不息。

过去由于考古工作进程未及更多关顾这里，以致了解甚少，近些年来考古工作在两广、香港地区工作大有成效，这里古老文化的谜团越来越被人们揭开。

在广西百色发现了八十万年前的含手斧的旧石器文化。至于新石器考古的进展尤为明显，如柳州白莲洞[102]、桂林甑皮岩[103]、英德牛栏洞[104]和香港地区[105]等地的研究工作。这个地区文化谱系已露端倪。

根据傅宪国教授的意见，该区可以分为珠江三角洲、粤西与粤北、粤东、南宁和桂林五个古文化区。

距今约15000年旧石器时代末，到距今约12000年全新世之初，这里的先民依洞而居创造了旧石器向新石器过渡文化，或称中石器文化，如柳州白莲洞、封开黄岩洞和英德牛栏洞遗址。能在这里留下旧石器时代晚期至新石器时代早期间这段难得的文化记录，首先是由于这里受末次冰期严寒影响较小，又有较广分布的石灰岩形成的洞穴供人们居住，还由于动植物食物资源丰富，三位一体，所以促成先人在这里定居下来。

珠江流域新石器时代人们的生活环境可分为两大类，即一类依山洞而居。粤北、粤西与桂西多石灰岩峰林，溶岩洞穴多，新石器早中期前人类就多依这里洞穴而生息，过着捕捞、采集和狩猎生活。另一类依河而居，就是在珠江下游的三角洲生活，形成沙丘、贝丘遗址。依珠江三角洲生活易于理解，因为这里广阔的水域中生活着多种多样的贝类，而且三角洲的河岸开阔，当河潮退后，人们采贝类生活。问题是为何南宁附近贝丘遗址多，原来这里是珠江上游，河谷开阔，水丰而平稳，左右江在此汇流，水清新，并带来丰富的饵料，有助鱼贝类繁殖，形成先民捕捞螺、蚌、鱼的天然场所；又这里一级阶地宽阔，便于定居，于是先民在此过捕捞生活中留下贝壳而形成众多贝丘遗址。

到距今12000年至距今7000年期间，全新世早期升温的环境下，万物变繁茂，能提供人们适宜的生活环境，故新石器时代早期的人们在桂东与粤西、粤北间的众多石灰岩峰林溶岩洞穴中继续生息繁衍。这就是甑皮岩遗址先民能创造丰富文化的环境原因。不过从甑皮岩遗址文化层下伏黄土状土来看，这块干爽的黄土应是吸引甑皮岩人的动力之一。如果今后对这一黄土层进行研究，也许能揭示出更重要的科学信息来。

甑皮岩一期文化中发现原始陶器，说明依靠螺贝类生活与依靠种植稻作生活先民一样可以创造陶器[106]。

粤、桂之交距今7000年前之后原来生活在灰岩峰林区的人们，似乎不约而同向河边迁移，这是为什么？原因可能是多方面的，如人口的压力，生活资源欠缺，还有水稻种植文化传播的吸引等等，另外可能与环境变化也有关系。在距今约7000年以后进入全新世高温期，雨量增加，空气湿度加大，洞穴中的湿度也增大。原来选择洞穴避风是条件之一，此时因为洞中缺风，空气不易流动，湿气更难排除，这样即或天晴，洞外干爽，洞内湿度却不见减小，因此洞穴的潮湿环境让穴居居民们难以承受。如果洞穴岩顶破碎，在降雨增多的时候，易于漏雨。若逢连阴雨，在洞中生活就更难以承受，先民便生去意。甑皮岩洞的洞顶不很完整，该洞的后部钙华板和石笋的形成，就是雨大洞顶漏水造成的。其过程是雨水将石灰岩中的碳酸钙析出，富含碳酸钙的雨水落到洞中，日积月累，形成钙华

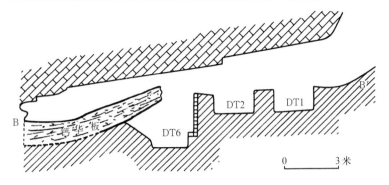

图五二　甑皮岩遗址探方剖面图（中国社会科学院
考古研究所等，2000 年，笔者补绘）

板和石笋（图五二）。由于漏水洞穴适居环境不复存在，甑皮
岩人只好外迁。

距今约 7000 年之后雨大、潮湿、漏水迫使先民迁出洞穴，
为何距甑皮岩不太远的大岩遗址却成人们新居？并从新石器中
期，也就是距今 7000 年之后，甑皮岩人迁走，大岩人却长期
坚持住在那儿，虽然偶有间歇，那是因为持续捞螺蚌，资源枯
萎，暂时搬迁，一旦螺蚌恢复仍返回大岩。这是为什么？难道
大岩人就不怕潮湿？具体问题要具体分析，问题源于甑皮岩、
大岩两洞的情况有别，主要有两点不同。首先二洞朝向不同，
甑皮岩遗址洞口朝西南，向阳；大岩遗址洞口朝北背阳，又距
今 7000 年前气温不太高，湿度也不太大，故距今 7000 年前背
北风、保温的甑皮岩洞穴被先民选为居所，而迎北风、不保温
的大岩洞未被先民利用。另一方面二洞洞顶完整情况有别，甑
皮岩遗址洞顶石灰岩不如大岩遗址洞顶石灰岩完整，当距今
7000 年之后降雨增加，温度、湿度加大，前者易渗水，而后
者不易渗水。大岩洞洞口朝北，在气候进一步转暖变湿时，受

图五三　桂林大岩洞穴遗址回忆图

左为大岩洞穴遗址，右为水洞，前为池沼、溪流

低温侵扰的问题不突出，反而促使大岩洞洞内空气易流动，带来降低洞内湿度的效益。加上出洞就有池溪，是个培育和捞螺蚌的理想场地，故距今 6000 年前大岩洞被先民看中，并在此往上 3000 多年，甚至近代尚为人们利用（图五三）。

距今 7000 年之后，由于环境潮湿促成峰林区洞穴居民他迁。凑巧的是此时高海面时期已过，珠江水面变得较稳定，使峰林洞穴居民有可能依河而居，以致造成新石器中期距今 7000 年以后珠江流域居民进行了一次出洞入川的大迁移。

珠江口分布有众多的沙丘遗址，最早可达距今 5000 年前，其后的分布受海的进退影响甚大[107]。

（2）福建省

福建是一个多山的省，山占全省面积的 90%，面临东海与南海，与台湾省隔台湾海峡相望，海岸线长，大陆海岸达 3300 公里有余。河流自北向南有交溪、霍童溪、闽江、晋江、九龙江等。沿海有平原，主要有漳州、泉州、福州与莆仙平原。

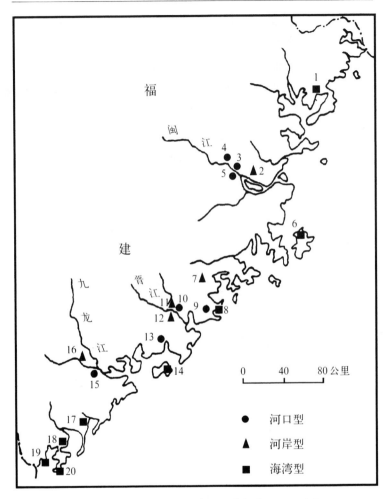

图五四　福建贝类遗址分布图（蔡保全，1998年）

1. 霞浦黄瓜山　2. 福州浮村　3. 闽侯昙石山　4. 闽侯溪头岞　5. 闽侯庄边山
6. 平潭壳坵头　7. 惠安蚁山　8. 惠安小岞　9. 惠安涂寨　10. 泉州柯厝山
11. 南安井兜　12. 南安霞福　13. 南安寨山　14. 金门富国墩　15. 龙海万宝山
16. 漳州覆船山　17. 漳浦香山　18. 云霄墓林山　19. 诏安腊洲山　20. 东山大帽山

福建地广人稀，开发较晚，人们主要聚居在沿海地区。

史前至秦汉福建沿海的人类沿海岸分布，以河口捕捞为生，形成许多贝丘遗址，计有三十个，发掘者有黄瓜山、溪头、昙石山、庄边山、浮村、壳坵头、墓林山、富国墩（试掘）（图五四）[108]。

贝丘遗址分三类：海湾型，贝类为咸水种；河岸型，淡水贝类为主，极少见半咸水种；河口型，贝类介于海湾型与河岸型之间，以喜栖低盐区的贝类为特征。

最早的贝丘遗址有距今 6300—5000 年的金门富国墩和距今 6000—5500 年的平潭壳坵头，最年轻的贝丘遗址有距今 2200—2000 年的南安井儿和霞福。

贝丘遗址多分布在山丘，少在台地。文化层厚薄不一，除主含贝壳外，尚有家猪、家犬和一些野生动物，从此可见先辈生活是以捕捞为主，兼以养家畜和狩猎。

贝丘遗址消亡时间，闽东北是距今 3000 年，而闽中南是距今 2000 年，其消亡原因是由于农业民族文化传入的结果，至于贝丘遗址消亡时间闽东北比闽中南早一千年，是缘于北方江浙吴越农业民族文化传播，有一个逐渐由北向南传入的过程。

4. 东北区

本区指内蒙古东部西拉木伦河以东地区，气候跨亚寒带、温带和暖温带，湿润、半湿润、半干旱、干旱气候，东部湿润向西部干旱变化。植被东部为针阔叶混交林，西部为草原。

本区新石器文化谱系比较清晰的是西辽河上游西拉木伦河流域，该区考古学工作做得比较多，故着重介绍西拉木伦河流域。西拉木伦河系西辽河上游，有老哈河、教来河、查干木伦河等支流。

西拉木伦河新石器时代至铜石并用时代的考古学文化序列已较清楚[109]。该地古文化可分两个系统，兴隆洼、赵宝沟与洪山文化在陶器表面装饰"之字纹"，属"之字纹"文化系统，在全新世气候最宜期，即距今 8000—5000 年时形成。小河沿文化则属"之字纹"文化系统向铜石并用时代的"绳纹"文化系统转变的过渡类型。

距今 8000—6500 年兴隆洼文化的命名处位于敖汉旗宝国吐乡兴隆洼村东南黄土丘台上，高出河面约 20 米，属赤峰——宁城黄土丘台的一部分。遗址坐北朝南，房舍在围沟内整齐排列。其南为一冲沟，沟由东向西流，沟的中部出露黑色淤泥，表征兴隆洼先人生活时期并非冲沟，而是一小湖，是兴隆洼先民的水源。兴隆洼文化期之后，大约在距今约 6000 年后，冲沟才逐步形成，古湖消亡，致使现今才能看到沟西端基岩出露，形成跌水。沟侧可见有离石黄土与马兰黄土堆积，离石黄土中含几层古土壤，马兰黄土厚达 6—7 米。1992 年笔者立于兴隆洼遗址上，向四周张望，丘台起伏，兴隆洼先民在距今 7000 年前就选择在这块苍茫大地上生息，看到他们建造的房屋排列有序，大小相兼，周环壕沟。

除兴隆洼文化遗址外还有林西县白音长汗等大而精心布局的遗址。生产工具有打制的石锄，有翻土的磨制石铲，砍伐的石斧和加工的石磨盘、石磨棒，还有鱼镖和鱼钩等，表明已有原始农业的兴起。胡桃楸（*Juglana mandshurica*）半炭化果核和松、梣（*Eraxinus*）、蒿、藜、花粉和水龙骨、中华卷柏（*Selaginella sinesis*）孢子的发现说明，兴隆洼文化时期先辈采食胡桃楸果实。其时的植被是胡桃楸可能与松、梣组成暖温带夏绿阔叶林、针叶混交林和草原[110]。

距今 6500—6000 年赵宝沟文化的命名处在敖汉旗的赵宝沟。其文化分布，南达燕山南，北达西拉木伦河。磨制精良的石斧、石耜、扁平圆凸刀、大量的磨盘、磨棒，以及规模超过兴隆洼文化的聚落和房舍四壁、居住面抹草拌泥说明，赵宝沟文化的农业较兴隆洼文化进步。同期文化中也发现胡桃楸果核，还发现有李属（*Prunus*）的种子和桦（*Betula*）树皮。这说明在距今 6000 年前的赵宝沟文化期间，植被为胡桃楸、桦组成的夏绿阔叶林，夹杂着李属乔灌木。桦已成先民的薪材与建房舍材料[111]。这说明赵宝沟文化期的气候与兴隆洼文化期相似，但人类对环境的影响增强了。

距今 6000—5000 年红山文化的命名处在赤峰市东北郊的红山。红山文化聚落的密度大。出土石锄、石斧、石刀、石锛、石犁、石耜、石磨盘、石磨棒工具制作精良。出土大量炭化谷物、家猪遗骸。尤其引人惊叹的是在凌源、建平交界处黄土丘上的牛河梁遗址，在 50 平方公里内分布有规模巨大的积石，其中心女神庙里有大型泥塑女神像。这些说明红山文化的农耕规模、水平大大超出前期，而且精神生活丰富多了。遗存中含铜环、铸铜用陶范，从此看出，当时已是铜石并用时代。

距今 4300—4000 年小河沿文化命名处在敖汉旗小河沿乡。从该期文化聚落剧减、半地穴房舍简陋、生产工具种类减少、陶制水平下降和接受南来文化影响等看，小河沿文化农业水平较前大为退步。

距今 4000—3300 年夏家店下层文化和距今 2800—2350 年夏家店上层文化命名处在赤峰市附近的夏家店（图五五）。夏家店下层文化主要分布于赤峰——宁城黄土丘陵及奈曼库伦二旗以南的黄土台地上。比红山文化北界南退约一个纬度。其遗

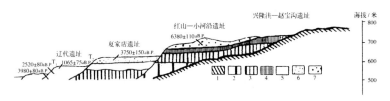

图五五　西拉木伦河河谷横剖面及人类文化分布
范围示意图（夏正楷等，2000 年）

1. 基岩　2. 红土　3. 离石黄土　4. 马兰黄土　5. 全新世黄土　6. 河流沉积
7. 风沙沉积

址数量与规模上是空前的，有的具原始城市性质。生产工具有
打制石锄，磨制石铲、石刀，饲养猪、羊、牛、狗，过发达的
旱作农业定居生活[112]。

夏家店上层文化分布北界到大兴安岭南段，南界与夏家店
下层类同。遗址的房址少，规模小，建筑水平远远不如夏家店
下层，工具只见刈割用的穿孔石刀，不见松土工具，敲砸器
多，特制有石锤。青铜器发达，特别是青铜武器与马具。武器
有铜戈、铜矛、铜斧、铜刀、铜剑、头盔等；马具有马衔、马
镳、銮铃、当卢等，为具游牧色彩的畜牧业文化[113]。

西拉木伦河的古文化与地貌有密切关系，其河流地貌与古
文化的关系如下[114]：

西拉木伦河及其支流普遍有两级阶地，贴靠黄土台塬。黄
土台塬贴靠基岩丘陵，由深厚的红土、离石黄土和马兰黄土构
成，高出河面 150—180 米。黄土台塬上覆巨厚的风沙层，其
下部黑沙土层夹层碳十四年龄为距今约 6380 年，说明黄土塬
形成于距今 6500 年前。兴隆洼、赵家沟文化遗存多埋在风沙
层的黑沙土夹层中。二级阶地高出河面 10 米，主为基座阶地，

基座为黄土与基岩，由马兰黄土、全新世黄土与河流沉积构成，上覆黄土中的古土壤 AMS 碳十四年龄为距今约 3750 年，这说明二级阶地形成于距今 6500—3750 年之间。红山文化、小河沿文化遗存主要分布于二级阶地沉积物中与黄土塬上。一级阶地高出河面 2—4 米。属基座与堆积阶地，在敖汉旗东南王祥沟，一级阶地下、中、上的碳十四年龄分别为距今约 3980 年、距今约 2520 年和距今约 1065 年，这表明河流一级阶地形成于距今 4000—1000 年，夏家店时期的文化遗存主要分布在一级阶地的沉积物和二级阶地的黄土中，黄土塬面也有分布，辽代遗存主要分布在一级阶地面上。这里河流阶地三次下切的时间分别为距今 6500、4000 和 1000 年[115]。

西拉木伦河流域的古文化与古环境的关系可概述为三点：

第一，兴隆洼、赵家沟、小河沿文化时期以农业为主的先辈们对黄土高度依赖，表现出对黄土松散等性状选择和适应在西拉木伦河生态环境敏感、脆弱地区之所以古文化发达、能成系列，与这里人们有黄土作为农业生产的土地资源和依赖其作为生活基础是分不开的。

第二，西拉木伦河流域古文化的发展有垂向发展特点，即有由黄土台塬向河流阶地，由高阶地向低阶地迁移的特点。当距今 6500 年第一次河流下切时，不但破坏了生活在黄土台塬上兴隆洼与赵家沟先民的遗存，也使后来红山与小河沿先民的农耕地域缩小了。

第三，西拉木伦河流域环境脆弱性对人类行为有明显的控制作用。距今 8000—5000 年是全新世气候适宜期的最宜期，兴隆洼、赵宝沟、红山文化期的农业逐渐兴盛。这是在适宜气候环境帮助下，人类智慧逐渐发达，创造出杰出原始农耕文化。在这半湿润半干旱环境下，经过三千年的农业不断开发后，地力下降，沙漠化加剧，加之距今5000年前后，气候适宜期走向下滑阶段，水热环境不如前，人们还缺乏应对这骤来环境变化的能力，导致距今5000年—4300年间文化发生"中断"。经距今4300—4000年小河沿文化期间小规模的开发后，地力得到一定的恢复，在距今4000年后气候好转的配合下，人类在适应与利用自然界过程中变得更聪明，创造了前所未有的距今4000—3300年夏家店下层农耕文化。经过夏家店先民七百年的强力开发，地力下降，又遇上距今约3000年气候适宜期的终结，气候旱化，沙漠化再次加剧，故出现了约五百年的文化第二次"断层"，到距今2800年夏家店上层先辈们总结了教训，顺其自然，不再走发展农业的老路，游牧文化兴起。

在黑龙江省，末次冰期距今60000—40000年回暖转湿，猛犸象——披毛犀动物群出现，人类活动遗迹出现。距今40000—20000年进一步回暖转湿，猛犸象——披毛犀动物群大量出现。人类遗迹明显增多。距今20000—11000年冰期最盛期，气候最冷，海面下降近150米，东部岛弧与大陆相连，白令陆桥形成。此时猛犸象——披毛犀动物群开始灭亡，或向区外转移，部分人群随之渡海迁移，有的到达大洋彼岸[116]。

黑龙江省西部泰县东翁根山，沙地发育，在一约6米厚的剖面上清楚地看到十个层次的地层，含四个黑褐色古土壤层，与其间隔的浅黄色沙层成清楚的韵律沉积。四个古土壤层的碳十四年龄分别是距今约7000年、距今约4400年、距今约2900年及距今约1400年，在距今约4400年的第Ⅱ古土壤层中的上部与顶部采取到许多制作精良，质地为石髓、玛瑙、璧玉、燧石、蛋白石、硅质岩等的石器，还产鱼、软体动物和草原哺乳动物遗骸多种。古土壤含的花粉主要成分是蒿、藜，代表草原植被。东翁根山沙地剖面反映内蒙西部干旱区向东部湿润区过渡带环境频繁变化，人在约距今 4000 年前曾一度在这里的背风坡生息[117]。

全新世气候适宜期，喜暖湿环境獐的遗骸曾分布到辽东半岛、大连市、长兴岛、庄河县、广鹿岛等遗址中。在东北平原中部约距今 7000—5000 年农安县左家山遗址三个文化层中均发现有獐的遗骸，上层出产尤多，这是獐分布最北的地点。距今 4500 年以后未再见獐的遗骸。獐遗骸在辽东半岛的存在表明全新世中期气候适宜期的最宜期，暖湿气候对东北平原的影响[118]。笔者曾对松辽分水岭地区的吉林省梨树县郭家店小泉眼村埋藏泥炭剖面进行过孢粉分析，全新世中期泥炭堆积，以栎树为代表的阔叶树花粉曲线出现峰值，达 38%，其中栎占31%，花粉分析反映全新世中期温暖气候对松辽分水岭地区的影响[119]。因此，獐在距今 7000—5000 年出现在松辽分水岭，有其合适的暖湿生存环境。动植物相互印证全新世气候适宜期松辽分水岭地区为暖湿环境状况。

5. 西北区

本区包括内蒙中西部和甘肃以西的东亚内陆地区，干旱是本区气候主要特点。本区间自然地理景观有明显的差异。由于有山岳冰川，在山麓冲洪积扇前沿等处形成绿洲，是古今人类聚居地。

（1）内蒙中南部地区

在晋北、冀西北和内蒙南部之间地区本来是我国考古学工作薄弱地区，由于内蒙古文物考古研究所田广金、郭素新先生、韩建业博士等对岱海盆地进行发掘，考古学已经取得引人注目成就。

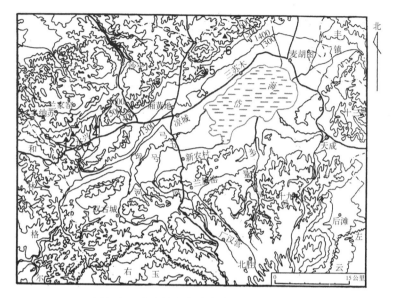

图五六 岱海地区老虎山文化遗址分布图

（内蒙古文物考古研究所，2000 年，略修补）

1. 西白玉遗址 2. 面坡遗址 3. 老虎山遗址 4. 板城遗址 5. 园子沟遗址
6. 大庙坡遗址

　　岱海在岱海盆地之中，该盆地位于山西省与内蒙交界处，属内蒙古自治区乌兰察布盟凉城县，地理位置 112°02′E—113°02′E，40°10′N—40°50′N。上新世末和第四纪之初由断陷造成地堑盆地，北面有 2304 米蛮汗山，南面有 2100 米的马头山，二山中间低平，海拔 1230—1350 米，东西长约 50 公里，南北宽约 17 公里，总面积约 2289 平方公里。盆地中的岱海虽为一内流湖，却为淡水湖。湖面海拔约 1223 米，东西长约 30 公里，南北宽约 10 公里，总面积约 150 平方公里（图五六）。盆地属大陆季风气候区，处在中国北方季风尾闾区季风东西摆

动的中轴线上，气候十分敏感。盆地中有湖积平原，有湖岸阶
地与台地。全新世气候适宜期，岱海盆地生态系统适合人类生
息，故太行山东边的鼎文化、西边的鬲文化和内蒙东部筒形罐
为代表的文化争相分布到岱海地区，形成自距今 6200 年后岗
一期至距今 2000 年汉代的系列文化（表七）[120]。值得注意的
是岱海地区发生距今 6000—5800 年、距今 5000—4800 年和距
今 3600—3100 年的三次二百年或以上的文化空缺，似乎这三期
文化空缺与距今 6000 年、距今 5000 年和距今 3000 年三次降温
事件有关。虽然岱海地区在全新世气候适宜期环境适宜人类生
存，但终归这里处在靠北的气候敏感区，经济脆弱，一旦气候
发生降温事件，人们难以承受，只得离去。

表七　　海岱地区考古学文化序列与编年表（田广金，2000 年）

考古学文化	年代（a B. P.）
战国晚期——汉（农业文化）	2000
鄂尔多斯式青铜器 "毛庆沟类型"	2600—2300
西周（空）	
商　　（空）	
朱开沟文化三、四段	4000—3600
空	
老虎山文化	4800—4300
空	
海生不浪文化 "庙子沟类型"	5800—5000
空	
仰韶文化"王墓山下类型"	6000
后岗一期文化	6200

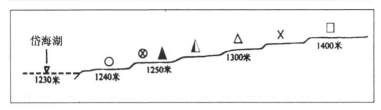

图五七　岱海遗址分布高程示意图（田广金，2000 年）

○ 汉以后遗址　⊗ 汉代遗址　▲▲△ 王墓山遗址（下、中、上）　× 后岗一期遗址　□ 老虎山文化遗址

老虎山文化遗址和以前的后岗一期遗址与王墓山遗址分布在海拔 1250—1400 米较高台地上，到全新世晚期干旱化，湖水下降，低阶地露出，故汉代和其后的遗址分布到 1250—1240 米的湖岸低阶地上（图五七）[121]。

从距今约 6300 年石虎山 I 遗址中发现十五头水牛（*Bubalus bubalis*）的骨骼来看[122]，岱海在全新世气候适宜期的生态系统是相当好的。正因为岱海全新世气候适宜期良好生态环境，对中原等文化有强大的吸引力。

对岱海全新世环境演变进行研究，从二级阶地的情况来看，距今 10000 年、距今 6700 年、距今 4500 年为湖进期，推测当时气温较今高 2℃—3℃，年降水为 570—600 毫米，分别较今高 140—170 毫米。从距今 10000 年第一次湖进到距今 4000 年第三次湖退之间的高湖面维持了约六千年之久。全新世晚期，落叶针阔叶林混交林的森林草原植被，松、桦、蒿多，气候温凉偏干，湖变浅，一级阶地与二级阶地间有 5—10 米的陡坎，一级阶地前缘与现代湖滩自然过渡。一级阶地碳十四年龄为距今约 2440 年和距今约 2115 年[123]。这说明岱海距今 6700 年湖进的暖湿环境，为距今 6200—6000 年后岗一期和仰韶文化"王墓山下类型"的到来做了准备。距今 4500 年的湖进为距今 4800—4300 年的老虎山文化创造了条件。到全新世晚期湖面下降，一级阶地形成，为汉代以后文化的进入创造了条件。

"岱海地区考古学文化的演替和发展，无不受生态环境的制约。在暖湿气候条件下，中原文化北上，东部文化西进；在冷湿、冷干气候条件下，本区文化南下和东进。气候的冷暖和降水量的变化，又直接受季风的影响。位于中国北方季风尾闾区季风东西摆动中轴线上的岱海地区，其考古学文化东南西北摆动的规律，与季风的摆动规律大体一致。这个气候变化最敏感的地区，也是经济发展最脆弱的地区，同时也是各时期各种文化接触最频繁的地区，而每一次的文化接触、碰撞、融合又是本区文化发生跃变的时期"[124]。

（2）内蒙古与宁夏毗邻地区

自世纪之初以来内蒙古自治区乌审旗萨拉乌苏河（红柳河）由于发现旧石器、古人类和许多古脊椎动物化石，以及毗邻的宁夏回族自治区灵武县有水洞沟旧石器文化遗址，这里一直被人们关注。萨拉乌苏组成为华北晚更新世标准剖面。

董光荣先生等认为萨拉乌苏组仅限于下部河湖相地层，年龄为距今 140000—70000 年，其上的风沙层命名为城川组，与马兰黄土为同期沉积，年龄为距今 70000—10000 年，其上所覆的全新世湖沼相（袁宝印命名为大沟湾组）[125]之上的黑垆土、次生黄土和现代风成沙沉积被命名为滴哨沟湾组[126]。

孙建中先生等对萨拉乌苏的滴哨沟湾剖面进行了更详细的孢粉分析，将距今 60000 年晚更新世地层划分为Ⅰ—Ⅲ孢粉带，另将全新世地层划分为 H 带，各带又细分为亚带与小带。Ⅰ带，剖面深度为 57.9—52.62 米，年代约为距今 60000—

53000 年，萨拉乌苏河流平原，前期是柳、蒿灌丛草原，气候冷干，后期豆科中生草原，气候温和半湿润。Ⅱ₁带，剖面深度为 52.62—24.85 米，年代约为距今 53000—36000 年，萨拉乌苏大湖期，松、云杉森林草原或疏林草原，"河套人"生存在气候冷湿环境下。Ⅱ₂、Ⅱ₃与Ⅲ带，剖面深度为 24.85—4 米，年代为距今 36000—10000 年。萨拉乌苏河流平原再生植被为灌丛草原，气候干冷，只有距今 32000—23000 年间松、云杉、冷杉成纯针叶林及草原，气候寒冷偏温（按："温"，疑笔误或刊误，应为"湿"）。H 带，剖面深度为 4 米以上，年代距今约 10000 年后，反映了全新世四个阶段的气候变化[127]。

孙建中先生等对水洞沟遗址做了地层划分和孢粉的进一步研究，还对硅藻做出了新研究。他们指出水洞沟遗址第Ⅰ地点的二级阶地沉积是侵蚀三级阶地形成的。他们还对Ⅲ剖面的全新世地层采样进行孢粉与硅藻分析，将孢粉式分作Ⅰ—Ⅲ带。Ⅰ带（5.25—4.13 米）为草本花粉带，下部为藜、蒿优势亚带（95.9%）；上部为毛茛科、豆科优势亚带（70.6%）。Ⅱ带（4.13—0.06 米，在 3.85—4.05 米含硅藻层和 2.85—2.95 米测得碳十四年龄分别为距今约 8190 年和距今 7436 年）木本花粉增多，草本花粉仍占多数，以藜（55.1%—78.6%）、蒿（42%—64.1%）为主，耐旱的麻黄可达 30%，还有白刺，香蒲达 32.3%。在硅藻层中发现一些硅藻，以小型底栖的 *Fragiloria* 属为主，反映浅淡水池沼环境，水温为 12℃。Ⅲ带（1.15—0.1 米）为藜科（82.9%—98.7%）花粉带[128]。

笔者对萨拉乌苏和水洞沟遗址地层有如下意见：

第一，水洞沟遗址地层晚于萨拉乌组中、下部地层，而与萨拉乌苏上部，即距今 30000 年以来的地层相当。因此水洞沟文化应晚于萨拉乌苏文化。水洞沟第Ⅰ地点的二级阶地晚更新世地层与三级阶地的上新世地层是侵蚀不整合关系，且Ⅰ地点的全新世与晚更新世地层也为侵蚀不整合关系[129]。由于水洞沟剖面有末次冰期盛冰期及其前、后的沉积，含盛冰期前冷湿气候下形成的冻融卷曲构造，含旧石器晚期石器，晚更新世马兰期黄土与全新世河湖沉积间有板桥期侵蚀接触关系，且全新世地层完整，又含新石器，故水洞沟三万年来的沉积可视为北方标准剖面。

第二，水洞沟遗址的植被，除Ⅱ剖面距今约30000—20000多年的地层中含针叶树松、云杉、冷杉花粉和Ⅰ、Ⅲ剖面全新世中期含阔叶树花粉有所增加外，其植被基本上为藜、蒿荒漠草原，其变化只是向荒漠化与草原化发展的差别。萨拉乌苏古湖期间，即"河套人"期间的气候还需要深入研究，期间发现喜暖的孢粉，以从老地层中冲出再沉积的解释似还需斟酌。两个遗址均在距今30000—20000年间的青灰色淤泥中发现含松、云杉、冷杉孢粉组合，且两地点青灰色淤泥层均有冻融卷曲[130]，期间的气候应是比较冷湿的。

（3）甘肃与宁夏相连地区

葫芦河系黄河支流渭河上游一条支流，源于宁夏回族自治区的西吉县，南流经宁夏的隆德县，入甘肃省静宁县、庄浪县、秦安县，到天水市汇入渭河。区域位置为105°30′E—106°30′E，34°30′N—36°30′N。葫芦河沿六盘山西侧流，穿过陇西相对高度在200米以上黄土高原的黄土梁。黄土梁间河流阶地发育。整个流域北高南低。北面发源地河床海拔1950米，南面葫芦河入渭河处海拔1130米，流域间河床高差约800米（图五八）。

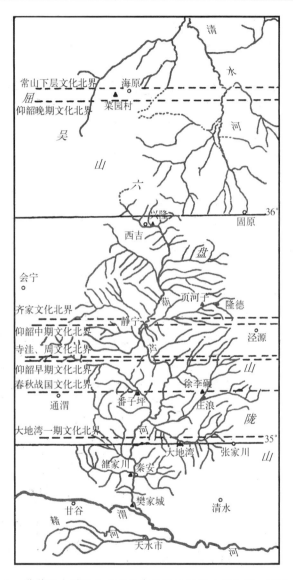

图五八　葫芦河水系及古文化分布北界示意图（李非等，1993 年）

　　葫芦河流域古文化发达，其序列是大地湾一期（距今7800—7000 年）、仰韶早期（距今 6800—6000 年）、仰韶中期（距今 5900—5500 年）、仰韶晚期（距今 5800—4900 年）、马家窑文化（距今 5200—4300 年）、常山下层（距今 4800—4200 年）、齐家文化（距今 4400—3900 年）、寺洼文化（距今3015—2721 年）、春秋战国秦文化（距今 2720—2156 年）。古文化的空间分布，首先从大地湾一期至常山下层一直向北发展，大地湾一期文化北界 35°01′N，仰韶晚期进入清水河流域，达 36°31′N，常山下层文化达 36°34′N。后来从齐家文化开始南退，齐家文化北界退到 35°33′N，寺洼和周文化退到35°23′N，春秋战国文化退到 35°14′N[131]。"从大地湾一期文化到仰韶晚期是上升时期，齐家以后是下降时期，仰韶晚期到齐家是繁荣时期，在繁荣时期的前期人们较长时期地在一个地点生产生活，以后开始较频繁的移居，形成遗址个数多而面积厚度较小的状况"[132]。

　　葫芦河流域一级阶地为全新世形成。全新世早期（Q_4^1）冲积次生黄土间深灰色砂质黏土，有时见于一级阶地底部。全新世中期（Q_4^2）的早期，即距今 8000 年以前至距今 5000 年多有河湖相沉积发育，但某些地点缺乏此层而为仰韶中期或晚期文化层代替。这说明该期某些地区有的支流下切，河漫滩露出，一度成为仰韶中晚期文化人类活动场所。全新世中期的晚期，即距今 5000—3000 年，黄土加积，形成 5 米左右的黄土层[133]。

　　对大地湾一级阶地剖面进行黏土矿物与碳酸钙含量分析，剖面底部反映温暖半湿润环境的蒙脱石含量较低，而反映干凉环境的伊利石含量较高，碳酸钙含量较多，说明气候凉干。随

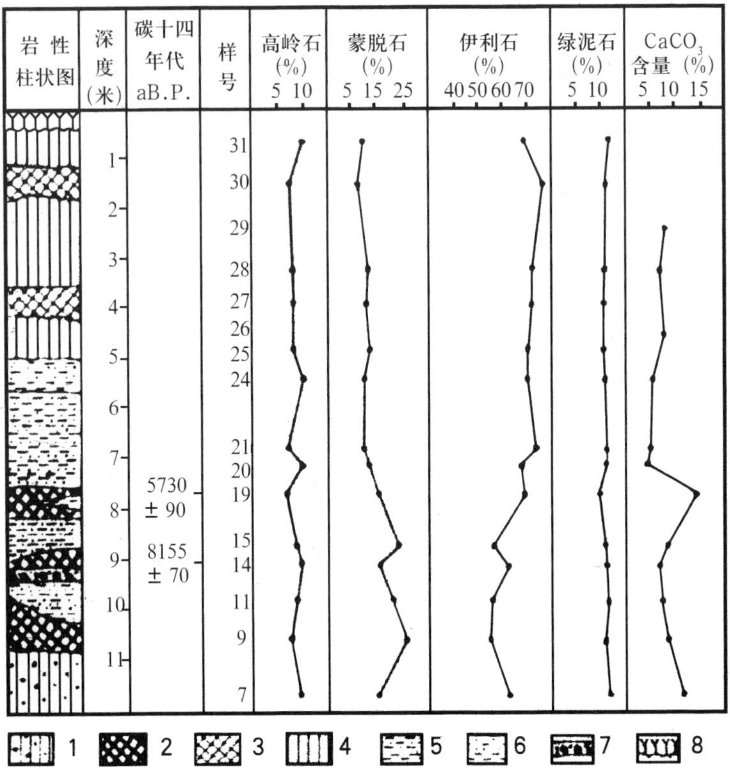

图五九　大地湾一级阶地剖面中黏土矿物含量和碳酸钙含量变化
曲线图（据莫多闻等，1996 年，笔者综合）

1. 灰黄色黏土质粉砂　2. 黑色砂质淤泥　3. 深灰色粉砂质黏土　4. 浅灰黄色黄土
5. 灰色黏土、灰黄色粉细砂互层　6. 灰色砂质黏土　7. 灰棕色含砾粗砂　8. 表土

后发生了相反的情况（8 米深处碳酸钙多是由于湖沼环境，化学沉积量增大），代表暖湿环境。剖面 7 米深以上蒙脱石含量一直较低，伊利石含量一直较高，反映气候旱化（图五九）[134]。

葫芦河流域在距今约 8000 年以后进入气候适宜期，大地湾一期文化形成，直到 5000 年前的气候适宜期仰韶文化向北分布，尤其是仰韶晚期更加向北扩展，虽然距今 5000 年以后气候环境不如前，黄土加积作用出现，但是常山下层文化仍能向北分布一点。然而到距今 4400 年时由于持续环境恶化，齐家文化至战国间文化南退。

葫芦河流域湖沼沉积发育，古文化发达，且成系列，说明全新世中期大西洋气候适宜期东南季风能越过六盘山影响到陇西地区。据仅对大地湾遗址 F901 主室用木料统计，约需用径粗 50—105 厘米木材十二根，20—40 厘米三十八根，10—20 厘米一百六十九根，10 厘米以下八百四十根。若加上其他房屋用材足见当时用材量之大。又据对距今约 9000—1300 年十九件古木标本做显微结构鉴定，计有树八种，除云杉、落叶松、连香树绝种外，槭、杨、圆柏、油松等至今仍为乡土树种或残存种。这些说明葫芦河流域曾经植被丰茂[135]。人们能在此较好的生息，至大地湾一期、仰韶晚期遗址个数与面积增加，形成仰韶晚期到齐家文化的繁荣。气候最适宜期后的亚北方期气候环境变差，对本为半湿润、半干旱区的陇西影响更加强烈，故齐家文化后文化分布不断南退，且人类居住地频繁更换，形成遗址数多，遗址单位面积和埋藏量都明显减小的状况。在环境恶化下，生活资源紧缺，牧业成分增加。

天水市位于渭河上游旁，除有支流葫芦河外，尚有耤河与牛头河，处在北部黄土塬（海拔 1500—2000 米）和南部北秦岭、陇山（海拔 1800—3100 米）之间。据对天水市西耤河沿岸（海拔 1100—1700 米）师赵村、西山坪西个新石器中晚期遗址的孢粉分析，主要为蒿属、禾本科和藜科的草本植物花粉。西山坪遗址的庙底沟类型时期以后文化层中含禾本科花粉增多，师赵村遗址的石岭下、马家窑类型，禾本科花粉也多，而且含似粟的花粉。在师赵村遗址石岭下文化层下部含冷杉（4%—16%）、云杉（1.1%—5%）、松（6.8%—11%）和铁杉（1%—3%）针叶树花粉多的花粉组合，反映针叶林从高山下移，气候冷湿。石岭下文化层的年代为距今5800—5100年，针叶林花粉组合出现在该层下部，据其他地点针叶林花粉组合出现的时间推断，师赵村遗址的针叶林花粉组合出现的时间可能为距今5700年[136]。

（4）河西走廊地区

该区是指黄河以西，祁连山以北和北山以南狭长地带，其宽由数公里至100公里，长度1000公里，由于受祁连山冰雪融水补给，形成富庶的绿洲，历为甘肃重要农业生产基地。由于是黄河以西迈向西方的要道，故有"河西走廊"之称谓，或称"甘肃走廊"。甘肃之名亦源此区旧时甘州（今张掖）肃州（今酒泉）之合称，足见历来对此区之重视。

河西走廊虽为温带干旱气候区，然全新世中期气候较好，水热丰富，适宜人生，所以形成与前述甘肃东中部葫芦河流域古文化系列不同的另一古文化系列，它们是马家窑文化，并分三期，有分布到武威以东的马家窑期（距今8430—5240年），分布到永昌以东的半山期（距今4660—4285年），分布到永昌以西的马厂期（距今4280—4000年），系有一定水平的农业文化。此后，古文化有分散发展的趋势。有分布到武威以东的齐家文化（距今4000—3850年），有分布到山丹至安西的四坝文化（距今3900—3450年），还有分布到古浪、民勤、张掖的沙井文化和分布到玉门的火烧沟文化[137]。

马家窑文化有石斧、石铲、石刀等生产工具，发现大量的粟，大麻种子，发现遗址多而大，陶器色彩和图案绚丽，环境较好，有相当水平的农业，晚期陶器制造较粗糙，这可能与环境变差有关，又猪、羊骸骨多，说明除农业外，牧业也占有重要地位[138]。

齐家文化为铜石并用文化。铜、玉石的应用和猪骨多，表明农业文明发达，而马、牛、羊、驴骨较多，也说明牧业占有重要地位。齐家文化分布在武威以东，比马家窑文化分布缩小，表现出气候恶化。齐家文化分布青海东部十多个县，齐家文化时期环境总的说来还是较好。

东灰山四坝文化（与中原夏代晚期相当）遗址位于民乐县城北偏西 50 公里处一小丘上，有过较多考古学[139]、农作物种子[140]和孢粉分析[141]的研究。发现农作物种子有小麦、大麦、黑麦、高粱、粟和稷，其年代依吉林大学采木炭做碳十四测年，树轮校正年龄为距今约 3770 年。孢粉中蒿占 90％以上，另有少数藜、麻黄、白刺干旱草本植物与灌木花粉，表明植被为半旱生草原，另外发现有粒大、褶皱的禾本科花粉，可能为粮食作物花粉。

笔者认为四坝文化的东灰山遗址中发现多种粮食作物，竟然与洛阳盆地皂角树遗址二里文化层中发现的多种粮食作物有某些相似性。这与河西走廊受冰雪融化水补给的环境效应有关。这与当今河西走廊的情况类似，虽属干旱气候区，由于有冰雪融水的补给，农业仍能得到发展。

（5）青海地区

青海东部，即黄河及其支流湟水之间考古学文化发达，这可能源于全新世中期东部季风能影响到此区，又在河谷中有宽台地、盆地及平缓的丘陵，且有黄土堆积，所以适合人生。在湟水流域的新石器文化遗址多，主要分布在干支流之间或低阶地上。马家窑、齐家和辛店文化主要分在中下游。马家窑文化主要分布在下游,达一百二十三处,占马家窑文化遗址的76%。齐家文化在中下游,达四百四十一处,占全部卡诺文化遗址的 99.5%[142]。

（6）新疆地区

新疆的古文化研究多集中于河流与罗布泊相交汇的地方,尤其是塔里木河与罗布泊相交处。对古丝绸之路的要冲楼兰古城的考察,自 19 世纪末 20 世纪初著名瑞典探险家斯文·赫定发现楼兰古城以来[143],一直被人们关注着。公元初至 4 世纪,濒临新疆塔里木河终端罗布泊岸繁盛一时的楼兰古城消失了。一个世纪来在楼兰古城发现了精美雕刻房屋残件、重要文书、高耸的佛塔、神奇的小河墓地与太阳墓葬,它们分散在风蚀残丘的沙漠中。湖面曾经达 12000 平方公里。上世纪初仍达500 平方公里的罗布泊,至 1972 年终于干涸。水丰鱼肥的罗布泊绿洲变成茫茫的沙漠。当年丝绸之路的要冲,如今成为人迹罕至的穷乡僻壤。楼兰人文与自然环境的巨变成为东亚内陆影响深远的典型社会与自然事件,世人为之惊叹不已。楼兰古城的消亡是在距今约 3000 年显露变干旱,在距今 2000 年旱化加剧的环境下发生的,所以楼兰古城消亡是在干旱大环境制约下在劫难逃。当然,人的作用也不可忽视,而且这种作用到近期越来越大。人类不适当的开发,在促使楼兰古城消亡中起了雪上加霜的作用[144]。

（三）主要收获

环境考古是研究人类起源、演化及其文化创造与环境关系的科学。距今约 250 万年第四纪更新世早期人类初生，直到更新世晚期，此期间创造出旧石器文化，分为早、中、晚三期，经历了近 250 万年。由于旧石器文化时代人类数量不多，留下的遗址不多，且人类文化演变缓慢，故旧石器时代环境考古虽然重要，但在我国环境考古初期旧石器时代环境考古难作为研究重点。历史时期人类的能动作用越来越大，故该期也不能作为环境考古初期研究重点。新石器时期与铜石并用时期人类已有了一定数量，遗址比较多，人类有一定的能动性，但受环境制约仍很强烈，且文化演变速度较前快，所以，环境考古初期以全新世新石器时期与铜石并用时期作为研究重点。这些年来，我国环境考古工作就是依据上述考虑进行的。

1. 地域与文化

世界文化是多种多样的，但归纳起来只有两类文化，那就是东方文化与西方文化。东方文化的主要代表就是中国，何能如此，与其成长的中国地域环境有密切关系。

在讨论中国地域与中国文化之间的关系前，需要对中国史前考古学，尤其是新石器时代考古学做一要述。有两件事对我国考古学影响至广，首先是苏秉琦先生提出考古学文化进行区系类型的研究[145]。由于我国考古学应用了苏先生的这一理论，使我国考古学获得长足进展，我国各区域考古学谱系越来越有头绪，各区域之间文化联系和发展轨迹也逐渐显现出来。严文明先生于 80 年代中期敏锐地洞察出我国考古学需要进行理论的概括这一形势，于 1987 年在《文物》第 3 期上及时发表了《中国史前文化的统一性与多样性》的重要论文[146]。严先生从中国旧石器时期，旧石器文化向新石器文化过渡，新石器和铜石并用时期诸多考古学研究成果中，总结指出中国史前文化既多样又统一，并非常贴切和形象地将其比作是朵重瓣花。既是重瓣花，那么少了哪一花瓣都是不美的，而且一朵花，必然有花心，没有花心根本不成其花了。所以严先生把中国史前文化进行综合研究和分区后，明确指出中原史前文化是中国古文化中最大的一区，起着核心作用。严先生用辩证唯物主义观点高度概括我国考古学成就所形成的"多元一统"理论，将会指导我国考古学迈上一个新的阶段。"多元一统"理论是建立在对我国地理环境的多样性与统一性分析基础上的，是展开我国环境考古的指导理论，同时我国环境考古的成就也可以丰富"多元一统"理论。

距今 3400 万年以来青藏高原强烈抬升。距今 2500 万年时青藏高原达到平均海拔 1500—2000 米；距今 800 万年时达到 3000 米；距今 150 万年延至现今[147]。因此，在第三纪晚期后，由于巨大的青藏高原以海拔 4000—5000 米的高度耸立在中国的西部，中国西依高山，东临太平洋，自成一体的地域环境格局就形成了。也就是说，我国 250 万年以来的第四纪人类形成及其文化创造是发生在相对封闭的东亚中国区域里的。

喜马拉雅巨大山体升起成为世界第三极。它给世界带来的影响是极其巨大的，对我国影响尤其大。首先是它让我国出现了世界上最强大的季风环境。既阻挡着印度洋季风北上，致我国西北内陆干旱化，并形成内陆高压冷气团与西南、东南暖湿季风相互作用控制了我国气候变化。其冷暖干湿均以它们之间力量消长而变化。季风形成是一个复杂的问题，其中与地球轨道参数所决定的夏季太阳辐射强度变化关系密切。中原在全新世气候适宜期，由于季风降水增量峰值与太阳辐射增量一致，所以，有效湿度，即降水量减去蒸发量后的湿度，最佳温、湿组合最早出现在秦岭、淮河以北地区[148]。这样有利于中原古文化形成。

我国有东南季风与西南季风，东南季风对我国影响尤其大。在全新世中期，也就是新石器时代中晚期、铜石并用时代，季风盛行，引起各气候带北移。当时暖温带北移到青海东部的湟水流域、岱海地区、西拉木伦河至松辽分水岭，所以这一带农业文化形成，而且由于季风强弱变化引起这一带反映敏感和强烈，故岱海、西拉木伦河出现几次文化断层。当距今5000 年前气候适宜期季风减弱时，齐家文化南移，牧业成分增加，遗址虽较前期多，但规模小，且文化层薄，内涵也不如前，表现出人们生活稳定性降低。由于气候适宜期气候带北移，亚热带东部可移到 37°N 黄河口，然后经豫北、晋南，抵35°N 的渭河盆地[149]。这样对生物影响很大，喜暖的象、犀牛、獐、麋、扬子鳄和一些喜暖的软体动物，以及亚热带植物山毛榉、枫香、凤尾蕨、水蕨等分布到今暖温带东南部地区。这样的暖湿环境也深深影响人们衣、食、住、行，如住依台、丘、墩建干阑建筑，建筑从地穴向半地穴、地面发展。河南濮阳西水坡人捕捞大量软体动物为食。这样的生活还影响到人们的观念，如西水坡人用食后的贝壳摆成龙、虎、鹿动物形象陪葬，又如山东流行用獐牙做陪葬品。

另一方面青藏高原的形成深深影响了我国人类赖以生存的地貌形态，如三级地貌台阶的形成，黄河、淮河、长江和珠江等河流自西向东流，以及其间山脉纵横走向，盆地罗列情况及其形态等均与青藏高原升起有重大关系，而在其上生活的人们自然受到很大影响。如高寒气候，冰雪冻土发育的青藏高原人口少，东部低平温暖湿润或较湿润地区人口密度大，而上述二地貌台阶之间的云贵高原、黄土高原等高原不论气候环境和人口分布都间乎其西部青藏高原与东部平原、丘陵之间，故中国远古人类的化石近亲古猿、早期古人类和旧石器文化多形成在山原相兼的二级地貌台阶上。云、黔、川、陕、晋的古猿及古人类被发现和山西旧石器文化发达都与此有关。

中国这块土地虽然相对封闭，但由于它幅员辽阔，达960万平方公里，有广阔生存空间。气候上跨亚寒带、温带、亚热带和热带，此外还有青藏高原气候区域，尤其适合人类生存的温带与亚热带超1000公里，这些在世界上是独一无二的。在这种不同气候和北土、南石、东水、西山环境中生活的人们，依靠不同的水、土、气候、生物过着不同的生活，自然形成了富有地域特点的丰富多彩文化。因此始自旧石器时代中国南北文化分野，到新石器时代珠江中、下游，长江上、中、下游，黄河上、中、下游，辽河流域等形成自成一体的文化。若进一步分析，各河流的上、中、下游，不同支流在各时期有不同的文化分区，如黄河的最大支流渭河流域商代就可以划分出葫芦河、金陵河、汧河、漆水河、泾河、冶峪河、石川河、沣河、灞河、沈河共十个文化区（按：若以黄河中游为一级文化区，那么这里应划作二级文化区）。上述文化区有的尚可再分出亚文化区（按：应称作三级文化区），如泾河文化区可分出黑河、达溪河、泾河上游、三水河、马莲河、姜家河、通深沟（河）共七个亚文化区（按：三级文化区）。在偏远的山区，分水岭就是文化的分界线，如黑河与泾水在麟游境内的分水岭，既是漆水与泾水的分水岭，又是漆水文化区、泾水文化区的分界线。小的文化区一般位于偏远山区的小支流上，而大的文化区位于各河流交汇平原区[150]。这些不同地域环境所形成的不同古文化组成了严先生讲的中国古文化重瓣花。而且这些各具特色重瓣花文化之间，是互相紧密联系的。如黄河中下游，即渭河盆地至郑州以东的东西古文化交流通道，还有伏牛山、太行山东麓冲洪积扇群和嵩山东边的侵蚀堆积平原所形成的南北文化交流古道。这一"十字形"古文化传播通道对促成中国东西、南北文化的交流起了关键作用。又如淮河中游的豫、鲁、皖、苏之间文化交流，再如北京平原与各相邻区域间文化的交流。这种中国自古区域间的文化交流，不但能取长补短，而且在广阔空间上有回旋的余地。当一方灾害来临时，其他地方还是风调雨顺，可以迁移和相互调剂，即东方不亮西方亮。文化的兴衰有如生物物种延续需要一定数量个体保证，文化要有多样性，中国文化的多样性是中国文化丰富多彩的源泉。这是中国文化生生不息的关键。

中国史前文化的这朵花，不仅有不同区域的文化组成美丽的重瓣，而且这朵花有一个大花心，那就是严文明先生论证的中原文化区，中原为何可以成为中国史前文化的核心呢？

首先中原有广阔的原。人类的迁徙有从山向原和从高原向低原迁移的趋势。这是人类初期依山采摘和狩猎生活决定的。后来由于农业的发展，原才能提供所需水土必须条件，而中原为史前农业的发展提供了又广又好的原，这从裴李岗农业文化兴起在河水、济水、淮水之间的原上就可一目了然。其次中原有形成史前核心文化的优化生态系统。这就是以嵩山为中心和动力所构成的嵩山文化圈[151]。嵩山文化圈是主指嵩山及其周边古文化发达地区。嵩山起到了形成中原古文化发动机与孵化器的作用，嵩山何以有如此之伟力？因为嵩山有三大特点。一是嵩山历史悠久。嵩山有 35 亿年地史，也就是说，当其他地方还是茫茫大海的时候，嵩山就在波涛汹涌的大海中耸立起来了，生命史长，资源丰富。二是嵩山位置适中。嵩山以其相对独立的 4000 平方公里的面积和 1500 米的高度，成圆锥状突兀于华北平原的西南部，处中国之中部和北纬中部，与世界古文明国家同处温带与亚热带之交的地方，利人生，便交往。三是水土资源丰富，山中有百平方公里的低丘，即山中夹平川，这里河网密布，其密度达每平方千米 0.32 公里，河旁黄土台地广布，山上林草丰茂。嵩山是一座能见又不能完全见到的水库。它源源不断地补给从这里成放射状发源的五条河流，每条河流都是人类聚居乐土与文化传播的通道。嵩山与中国古代四渎（独立入海的大河）关系密切。嵩山是古代中国四渎中的河水（从西部入华北平原，大致经今卫河东北流，入渤海。后改道东南流，汉后改称黄河）、济水（后被黄河袭夺，大致相当现今郑州以东的黄河中下游）、淮水（淮河）重要水源补给地或发源地（余下一渎为邻区的江水，即长江）。由三条独立入海大河共同孕育而成的嵩山文化圈中的华夏文化，在中国独占鳌头，在世界上也是独一无二的。既然河、济、淮三水孕育了中原古文化，那么，中原文化也可称之为"三水文化"，或称为"三河文化"。中原文化的核心是在嵩山里及围绕着嵩山分布，客观上表现为嵩山文化圈。嵩山文化圈是在嵩山及其周边特殊的山、水、土、生（生物）、气（气候）和位（位置）六大生态因素综合作用下形成的。

中国区域文化交流使各区域文化丰富起来，周边文化与核心文化是在文化发展中自然形成的。这是先辈生存的地域造成的，没有重要与不重要的问题。既有周边，又有中心，有分有合，相辅相成，东亚东方中华文明之花才会盛开。只有用各自的考古学成就来说明、证实和丰富"多元一统"理论，我国考古学成就才会更大，写成中国古代史才有希望。因此，中国21 世纪环境考古要按局域、小区、大区[152] 不同地理区进行研究，从环境、人与文化的关系来诠释中国文化的特点。这就是我国环境考古的任务。

2. 黄土文化

在影响文化的诸多环境因素中，水土因素配合得好是极为重要的，所以历来有"一方水土养一方人"的说法。中国土的最大特点就是黄土分布又广又厚，除通常讲的黄土高原外，正如黄土的物质来源于降尘一样，它可以分布到大部中国，只是厚薄、断续、新老、原生与次生有不同而已。这是中国土地资源有别于世界的重要特点。

我国自古至今深深受惠于黄土。黄土是由粉砂（粒径0.05—0.005 毫米）、细砂（粒径 > 0.05 毫米）的颗粒组成，有多孔隙形成松散物理性状的橙色、灰黄色的沉积物[153]。黄土由五十余种碎屑矿物形成，含 N、P、K 以及四十多种微量元素和二十多种氨基酸[154]。黄土适于农耕文化的发展。对文明形成十分重要的全新世气候适宜期，亚热带北界，东边从现今 33°N 的淮河流域可北推到 37°N 的黄河口，西边从 34°N 的秦岭可北推到渭河盆地北 35°N 的北山[155]。因此，中原古文化形成在亚热带北沿。这里在水土上占有两利，既占北方黄土之利，又占南方降水之利，水土两利促使中原核心文化的形成。中原豫西以西处中国二级地貌单元上。作为黄土高原东南区，这里谷深台高，通常无洪水之忧，因雨热同季，不需灌溉，仍利农作物之生长。又这里存在 1—3 米的全新世黄土堆积，说明每年有 0.1—0.3 毫米的尘埃补充，故这里虽经八千年之耕种，并未引起水土流失而危及人生。除了我国传统农业延续的科学耕种方法外，就是每年都有尘降补充耕土。这是大自然对我们的恩惠[156]。尘降对于我国农业之重要有如"天上的尼罗河"。黄土地呈干爽性状，少有虫蚊叮咬和瘴气的侵袭。凡此说明中原黄土区文化发达与能连续并非偶然，而这对我国文化继承性的形成是十分重要的。

黄土地上育成的粟，以其适种、耐旱、可久藏的性状和上乘的品质滋养着人们强健体魄，有利于创造华夏文明。

由于我国有广泛的黄土分布，也有利于我国文化统一性的形成。石耜是新石器时代流行于黄河中下游的一种竖向装柄挖土工具，是锹的原型。它适于在粉沙质黄土上耕作，也分布到西辽河上游西拉木伦河和广西西部[157]。西拉木伦河流域有黄土分布已于前述，据袁宝印先生对广西百色的考察，那里四级河流阶地上都有 0.3 米的黄土状土的分布[158]。在相同黄土母质形成的土壤上耕作，利于农具和耕种方法的推广，自然会由此而形成文化联系。

打开《中国文物地图集》河南分册的郑州市、荥阳县文物图[159]，遗址、古城、古迹十分明显被分为两部分，西部密集，东部稀少，此乃西部属黄土高原东南边缘，地势高亢，干爽宜人，土宜耕种，而东部为华北冲积平原，河湖众多，郑州市西北有荥泽，东南有圃田泽，这里地势低，瘴湿，人类不易适应。

岱海地区新石器时代中期之所以吸引人们生息，其水土适合人生是基本和重要的因素，那儿就有黄土分布，人们利用黄土挖成窑洞居住，建成壮观的黄土生土建筑群[160]。

刘东生先生从季风角度分析黄土堆积与人类的密切关系，提出"黄土石器工业"的概念[161]。他在 2003 年银川"纪念水洞沟遗址发掘80周年国际学术讨论会"上的演讲中提出"人有亲黄土"的特点。这是十分中肯的，华北旧石器文化、新石器文化繁荣在黄土上。在西辽河上游西拉木伦河南岸，在沙地之间，有一片黄土分布，那里就有兴隆洼、赵宝沟、红山、小河沿、夏家店下层和夏家店上层文化序列的形成。即或在黄土不太厚和不大连续的山东泰山周边，尤其是泰山北麓章丘至泰山东麓临淄黄土堆积较厚的地区，那里的古文化也很发达，成后李、大汶口、龙山、岳石系列文化。三峡、澧水下游、江浙均有黄土分布，那里的文化也与黄土有关。广西甑皮岩洞穴文化层下伏黄土，南国石灰岩峰林区也可以看到与黄土的联系。

我国传说中的黄帝的活动在黄土高原，故司马迁在《史记》中说人文初祖黄帝"有土德之瑞，故号称黄帝"。旧时皇帝设社稷坛以"五色土"祈求农业丰收，国泰民安，黄土居五色土中心，我国历来认为黄土对我国农业与社稷安危具有举足轻重的作用。皇帝着黄色龙袍，黄色琉璃瓦为皇宫专用。凡此说明我们先辈长期生活在黄土地上，耳濡目染，把黄土转化为神圣的观念文化。

有鉴上述我国文化与黄土的密切联系，所以中国文化就其与黄土的渊源来说，可称之为"黄土文化"。黄土与文化的密切关系，也可以在欧洲看得出来。那里黄土分布区，也是古文化起源地，只是那里黄土规模远不如我国，黄土对文化的影响也就不如我国显著。

3. 环境演变与文化发展

人既与社会联系，又生活在一定的环境中，故文化的创造与发展，既与社会发展相关，又与环境关系密切，环境考古就是为研究这种关系而努力。问题是我们如何来分辨文化演化与社会、环境的关系，这是一个难题。文化演变本来就是与社会、环境的关系交织在一起，我们在讨论中应力争兼顾。然而由于受研究范畴的制约，我们又不得不有所侧重地来讨论。在环境考古发展之初来讨论环境演变与文化发展之间的关系自然只能是初步的，不过从已有的研究中还是能看到一些蛛丝马迹。

我国黄土高原东南边缘，全新世黄土与马兰黄土间有板桥期侵蚀，这种剧烈的环境变故，对人类的影响虽然现在还难以理出头绪，但这会对旧石器文化向新石器文化转变产生激化的作用（图六〇）。

大约在距今11000—8000年间的全新世早期，气候虽总体上增温，但起伏较大，沉积了杂色黄土。南北地区发现了于家沟、东胡林、南庄头、仙人洞、吊桶环、玉蟾岩等遗址。

在距今8000—3000年间为全新世中期。该期虽气候有多次冷暖变化，但总的是温暖湿润的，褐红色埋藏古土壤形成，湖沼发育，农业兴起，出现了裴李岗等文化。高海面出现在约距今7000—6000年，海侵影响到沿海人类的生存。北方以栎为代表的阔叶树花粉曲线出现峰值，该期向气候适宜期的最佳期迈进，仰韶时代前段文化形成。距今6000—5000年为气候适宜期最佳期，更繁荣的仰韶时代后段文化形成，庙底沟文化影响到半个中国。距今约5000年时，北方以栎为代表的阔叶树花粉曲线从峰值下降，干旱气候显露，扶风县案板遗址中的旱生草本植物蒿、菊、藜花粉增多，商县紫荆遗址鼢鼠出现，草地增多。由于海退发生，天津地区在海退新成陆土地上发现人类遗迹。经过四百年左右的文化迟缓发展后，迎来了繁荣的龙山时代文化。多种古环境信息显示距今4000年前可能有一次较明显的降温，二里头文化的人们以其雄厚文化底蕴和较强

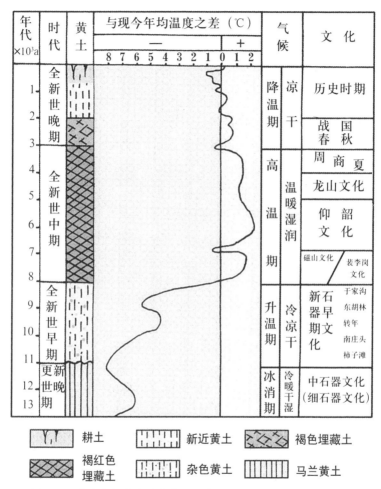

年代 ×10³a	时代	黄土	与现今年均温度之差（℃） — ＋ 8 7 6 5 4 3 2 1 0 1 2	气候	文化
1	全新世晚期			降温期	凉干	历史时期
2					干	战国
3						春秋
4	全新世中期			高温期	温暖湿润	周 商 夏
5						龙山文化
6						仰韶文化
7						磁山文化 / 裴李岗文化
8	全新世早期			升温期	冷凉干	新石器期文化 / 于家沟 东胡林 转年 南庄头 柿子滩
9						
10						
11	更新世晚期			冰消期	冷暖干湿	中石器文化（细石器文化）
12						
13						

耕土　　　新近黄土　　　褐色埋藏土
褐红色埋藏土　　　杂色黄土　　　马兰黄土

图六〇　黄土高原东南边缘第四纪晚期地层、气候、文化关系图

的适应能力，创造了最早国家文明，粟、黍、小麦、稻与大豆的五谷农业支撑了二里头文化铜器文明。到商代气候恢复较好，殷墟中出土甲骨文。西周，大约距今 3000 年时气候适宜

期结束。

距今 3000—2000 年为全新世晚期的初段，旱生草本花粉增多，气候旱化，海平面下降，河流下切，一级阶地形成，褐色埋藏古土壤堆积，湖沼开始消亡，铁器时代到来。人为了适应干旱环境的到来，在农业耕种中创造出抗旱保墒技术。秦汉时期的人们由二级台地或阶地向一级台地或阶地迁移。

距今 2000—1000 年为全新世期晚期的中段，新近黄土堆积，自西汉后气候明显干旱化，到北魏延续了约四百年的干旱。距今 1920—1550 年发生若果冰进[162]。该期西域楼兰古城消亡，西北统万城等古城湮废。农业中的抗旱保墒技术达成。隋唐时期一度气候转好，有的地方湖沼重新出现。

距今 1000 年为全新世晚期晚段。距今 940—780 年发生海螺沟冰进[163]。岱海湖面下降。气候旱化，侵蚀作用加强，河流中的含沙量增加，促成一些河流淤塞、湮废与改道，如洛阳市皂角树村遗址旁的河道最终废弃于该期。这对于我国近期地貌形态和人们生活与文化的改变产生了重要影响，诱发中国经济文化重心东南移。

我们还可以从河水（汉后称黄河）改道引起濮阳——郑州一带地理环境的变迁，看到环境与人生、文化的密切关系。当距今约 3000 年之后，由于气候变凉变干，褐红色埋藏土变成褐色埋藏土，河水减少，冲力不如从前。尤其是距今约 2000 年，即新近黄土堆积的时候，气候进一步旱化，河水进一步减少，河水中泥沙增多。当河水绕太行山东麓后，水的流速降低，致河水中的泥沙不易被水带走，日积月累，堵塞河道，河床抬升，终形成河水前进的障碍。当洪水来临，河水不能向左岸太行山溃流，只能向右岸平原溃决。河水从此不

断向东改道流，终于在郑州北袭夺济水，河水取代济水而入
海，从此济水消失，河水也改称黄河了。濮阳这一带成为河
水改道必经之地，洪冲积物铺天盖地而来，故西水坡、高庄
等遗址被埋没在数米地下，即或能看见的马庄、程庄等遗
址，也成仅露在地表 2—3 米的孤丘。可见战国后濮阳地区
人类生存环境今昔巨变，究其原因，大概是气候变干旱的结
果。这给我们考证濮阳一带古文化带来不小的难度，也可能
把中原古文化中的一些精华冲毁，造成中华文明起源和形成
研究中难以弥补的损失。

4. 方法进步

笔者与祝一志、李雪松、周卫健、吕厚远、李雪松、张广
如、曹兵武、刘本安、巩启明、魏京武、杨亚长、叶万松、方
孝廉、谢虎军、赵春青、王建新、顾海滨、张居中、宋豫秦、
莫多闻、张松林、蔡全法、宋国定、张震宇、杨瑞霞等先生对
黄河中下游进行了环境考古的研究。这里，环境考古经过了三
个阶段，即 20 世纪 80 年代末至 90 年代中期的地层研究阶段，
90 年代中期后的环境与文化关系研究阶段，21 世纪初的地域
文化研究阶段[164]。

植物考古方面，植物果实种子的研究，笔者鉴定北京埋藏
泥炭中含睡菜（*Menyanthes trifoliata*）种子、莲子（*Nelumbo
nucifera*）与菱角（*Trapa*）后[165]，很长时期缺乏对果实种子
的研究。自开展环境考古之后，由于浮选方法的运用，浮选出
大量果实、种子，孔昭宸、刘长江等先生对稻等粮食和其他植
物种子、果实进行卓有成效的研究[166]。李非先生等对古木进
行了研究[167]。王永吉、吕厚远、张文绪、顾海滨先生等对硅
酸体的研究，对古稻发现和环境演变的研究卓有成绩[168]。

动物考古方面，袁靖先生做了卓有成效的研究[169]，还有王象洪[170]、王宜涛[171]、武仙竹[172]、王青[173]等先生的研究。

此外，还有刘椿[174]、阎桂林[175]先生考古磁学，祝一志[176]、陈焕伟[177]、靳桂云[178]等先生关于土壤微结构和张雪莲等先生古人类食物[179]等的研究都有进展。

另外还有碳十四测年、光释光测年、孢粉分析等方面也都取得新进展。

"工欲善其事，必先利其器"。方法的改进和革新是促进科学发展的前提。环境考古取得的成绩和企望的进展，都有赖考古、地质、动物、植物、物理、化学、数学等研究方法取得新的突破。

注　释

[1] 北京市文物研究所，北京市平谷县文物管理所上宅考古队《北京平谷上宅新石器时代遗址发掘简报》，《文物》1989 年第 8 期。

[2] 周昆叔《随笔之八：中国环境考古的最初档案》，《花粉分析与环境考古》，学苑出版社 2002 年版。

[3] 同［2］；周昆叔《北京环境考古》，《第四纪研究》第 1 期（创刊号）（1989 年）；侯仁之主编《北京历史地图集》（二辑），北京出版社 1997 年版。

[4] 周昆叔、巩启明主编《环境考古研究》（第一辑），科学出版社 1990 年版；周昆叔、宋豫秦主编《环境考古研究》（第二辑），科学出版社 2000 年版；周昆叔、莫多闻、袁靖、袁东山《长江三峡水库环境考古初报》，《花粉分析与环境考古》，学苑出版社 2002 年版；北京大学考古系、驻马店市文物保护管理所《驻马店杨庄》，科学出版社 1998 年版；中国社会科学院考古研究所《胶东半岛贝丘遗址环境考古》，社会科学文献出版社 1999 年版；河南省文物考古研究所《舞阳贾湖》，科学出版社 1999 年版；水涛《中国西北青铜时代考古论集》，科学出版社 2001 年版；上海市文物管理委员会

《马桥——1993—1997 年发掘报告》，上海书画出版社 2002 年版；龙虬庄遗址考古队《龙虬庄》，科学出版社 1999 年版；周昆叔《铸鼎原觅古》，科学出版社 1999 年版；王青《环渤海地区的早期新石器文化与海岸变迁》，《华夏考古》2000 年第 4 期；王红星《长江中游地区新石器时代遗址分布规律、文化中心的转移与环境变迁的关系》，《江汉考古》1998 年第 1 期；陈中原、洪雪晴、李山、王露、史小明《太湖流域环境考古》，《地理学报》第 52 卷第 2 期（1997 年）；Stanley, D. J., chen, Z., and Song, J., 1999 Inundation, Sea – level Rise and Transition from Neolithec to Bromze Age Cultures, Yangtze Delta, China. Geoarchaeology, 14 (1)；朱诚、于进永、卢春成《长江三峡及江汉平原地区全新世环境考古与异常洪涝灾害研究》，《地理学报》第 52 卷第 3 期（1997 年）；朱诚、张强、张之恒、于世永《长江三峡地区汉代以来人类文明的兴衰与生态环境变迁》，《第四纪研究》第 22 卷第 5 期（2002 年）；莫多闻、李非、李水城、孔昭宸《甘肃葫芦河流域中全新世环境演化及其对人类活动的影响》，《地理学报》第 51 卷第 1 期（1996 年）。

［5］周昆叔、巩启明主编《环境考古研究》（第一辑），科学出版社 1990 年版。

［6］周昆叔、莫多闻、袁靖、袁东山《长江三峡水库环境考古初报》，《花粉分析与环境考古》，学苑出版社 2002 年版；洛阳市文物工作队《洛阳皂角树》，科学出版社 2002 年版。

［7］北京大学考古系、驻马店市文物保护管理所《驻马店杨庄》，科学出版社 1998 年版。

［8］邵望平《提取环境信息，阐示人地关系——评＜驻马店杨庄＞》，《中原文物》1998 年第 3 期；周昆叔《我国环境考古的新进展——＜驻马店杨庄＞读后记》，《华夏考古》2000 年第 3 期。

［9］中国社会科学院考古研究所《胶东半岛贝丘遗址环境考古》，社会科学文献出版社 1999 年版。

［10］河南省文物考古研究所《舞阳贾湖》，科学出版社 1999 年版。

［11］龙虬庄遗址考古队《龙虬庄》，科学出版社 1999 年版。

［12］周昆叔《铸鼎原觅古》，科学出版社 1999 年版。

［13］周昆叔、宋豫秦主编《环境考古研究》（第二辑），科学出版社 2000 年版。

［14］水涛《中国西北青铜时代考古论集》，科学出版社 2001 年版。

［15］洛阳市文物工作队《洛阳皂角树》，科学出版社 2002 年版。

［16］李宜垠《＜洛阳皂角树＞出版学术座谈会召开》，《中国文物报》2003 年 1 月 31 日。

[17] 陈淳《环境考古学研究的典范——读〈洛阳皂角树〉》,《中国文物报》2003 年 3 月 7 日。

[18] 上海市文物管理委员会《马桥——1993—1997 年发掘报告》,上海书画出版社 2002 年版。

[19] 周昆叔《花粉分析与环境考古》,学苑出版社 2002 年版。

[20] 吴玉书《北京王府井东方广场旧石器遗址的孢粉学研究》(打印稿)。

[21] 周昆叔《北京环境考古》,《第四纪研究》第 1 期 (创刊号) (1989 年);原思训、陈铁梅、周昆叔《南庄头遗址14C 年代测定与文化层孢粉分析》,《环境考古研究》(第一辑),科学出版社 1991 年版。

[22] 周昆叔《北京环境考古》,《第四纪研究》第 1 期 (创刊号) (1989 年);侯仁之主编《北京历史地图集》(二辑),北京出版社 1997 年版。

[23] 原思训、陈铁梅、周昆叔《南庄头遗址14C 年代测定与文化层孢粉分析》,《环境考古研究》(第一辑),科学出版社 1991 年版。

[24] 周昆叔《塑造现今地质地理环境的划时代事件——2500 年来气候变凉干及其影响》,《环境考古研究》(第一辑),科学出版社 1991 年版。

[25] 郦道元著,王国维校,袁英光、刘寅生整理标点《水经注校》,上海人民出版社 1984 年版。

[26] 王宏《渤海湾全新世贝壳堤和牡蛎礁的古环境》,《第四纪研究》1996 年第 1 期;天津市历史博物馆考古部《天津市考古五十年》,《新中国考古五十年》,文物出版社 1999 年版。

[27] 天津市历史博物馆考古部《天津市考古五十年》,《新中国考古五十年》,文物出版社 1999 年版。

[28] 同 [27]。

[29] Zhou Kunshu, Sporo‐pollen Analysis of the Yin Dynasty Ruins,《花粉分析与环境考古》,学苑出版社 2002 年版。

[30] 卫奇《泥河湾盆地半山早更新世旧石器遗址初探》,《人类学学报》第 13 卷第 3 期 (1994 年)。

[31] 河北省文物研究所《马圈沟旧石器时代早期遗址发掘报告》,《河北省考古文集》,东方出版社 1998 年版。

[32] 蔡保全、李强《泥河湾早更新世早期人类遗物和环境》,《中国科学》(D 辑) 第 33 卷第 5 期 (2003 年)。

[33] 夏正楷、陈福友、陈戈、郑公望、谢飞、梅惠杰《我国北方泥河湾盆地新—旧石器文化过渡的环境背景》,《中国科学》(D 辑)第 31 卷第 5 期

（2001 年）。

[34] 陕西师范大学地理系《西安市地理志》，陕西人民出版社 1988 年版；国家文物局《中国文物地图集》（陕西分册），西安地图出版社 1998 年版；周昆叔《孕育华夏文明的渭河盆地》，《周秦文化研究》，陕西人民出版社 1998 年版。

[35] 同 [12]。

[36] 国家文物局《中国文物地图集》（河南分册），中国地图出版社 1991 年版。

[37] 同 [15]。

[38] 周昆叔《孕育华夏文明的渭河盆地》，《周秦文化研究》，陕西人民出版社 1998 年版；国家文物局《中国文物地图集》（陕西分册），西安地图出版社 1998 年版；周昆叔、张广如《关中环境考古调查简报》，《环境考古研究》（第一辑），科学出版社 1991 版；Zhang Naixian．Zhou Kunshu and Ma Yuguang, Clay Minerals in Zhouyuan Loess and Their Palaeoenvironment Implication, Scientia Geologica Sinica, 1994, Vol. 3, No. 3．Li Zhe and Zhou Kunshu, A Mossbauerspectrum study of Iron in Zhouguan Loess, scientia Geologica, 1994, Vol. 3 No. 3.

[39] 周昆叔《孕育华夏文明的渭河盆地》，《周秦文化研究》，陕西人民出版社 1998 年版。

[40] 同 [12]。

[41] 同 [15]。

[42] Liu Tungsheng and yuan Baoyin, Paleoclimatic cycles in Northern China（Luochuan Loess Section and Its Environmental Implications），Aspecta of Loess Research, China Ocean Press, 1987

[43] 同 [42]。

[44] 周昆叔、张广如《关中环境考古调查简报》，《环境考古研究》（第一辑），科学出版社 1991 年版；Zhang Naixian．Zhou Kunshu and Ma Yuguang, Clay Minerals in Zhouyuan Loess and Their Palaeoenvironment Implication, Scientia Geologica Sinica, 1994, Vol. 3, No. 3．Li Zhe and Zhou Kunshu, A Mossbauerspectrum study of Iron in Zhouguan Loess, scientia Geologica, 1994, Vol. 3, No. 3；李哲、周昆叔、曾贻伟《周原黄土磁化率与 $Fe^{3+}/Fe^{2+} + Fe^{3+}$ 及铁相对含量间的关系》，《海洋地质与第四纪地质》1996, Vol. 16, No. 4；周昆叔《周原黄土及其与文化层的关系》，《第四纪研究》1995 年第 2 期；周昆叔《孕育华夏文明的渭河盆地》，《周秦文化研究》，陕西人民出版社

1993 年版；Liu Tungsheng and yuan Baoyin, Paleoclimatic cycles in Northern China（Luochuan Loess Section and Its Environmental Implications）, Aspecta of Loess Research, China Ocean Press, 1987；Andersson, J. G. The Malan Terraces of Northern China, in "Topographical and Archaeological Studies in the Far East," The Museum of Far Eastern Antiquities（Aestatiska Samligarna）, Stockholm, Bulletin, 1939, 11；周昆叔《中国北方全新世下界局部不整合——兼论板桥期侵蚀》，刘嘉麟、袁宝印主编《中国第四纪地质与环境》，海洋出版社 1997 年版；黄长春、庞奖励、陈宝群、黄萍、侯春红、韩宇平、李平华《扶风黄土台塬全新世多周期土壤研究》，《西北大学学报》（自然科学版）第 31 卷第 6 期（2001 年）。

[45] 周昆叔《中国北方全新世下界局部不整合——兼论板桥期侵蚀》，刘嘉麟、袁宝印主编《中国第四纪地质与环境》，海洋出版社 1997 年版；黄长春、庞奖励、陈宝群、黄萍、侯春红、韩宇平、李平华《扶风黄土台塬全新世多周期土壤研究》，《西北大学学报》（自然科学版）第 31 卷第 6 期（2001 年）。

[46] 黄长春、庞奖励、陈宝群、黄萍、侯春红、韩宇平、李平华《扶风黄土台塬全新世多周期土壤研究》，《西北大学学报》（自然科学版）第 31 卷第 6 期（2001 年）。

[47] 秦建明《关中盆地全新世古土壤与考古地层断代》，《西北地质》第 15 卷第 2 期（1994 年）。

[48] 李哲、周昆叔、曾贻伟《周原黄土磁化率与 $Fe^{3+}/Fe^{2+} + Fe^{3+}$ 及铁相对含量间的关系》，《海洋地质与第四纪地质》1996, Vol. 16, No. 4.

[49] 西北大学文博学院考古专业《扶风案板遗址报告》，科学出版社 2000 年版。

[50] 同 [49]。

[51] 同 [49]。

[52] 孙建中、赵景波等《黄土高原第四纪》，科学出版社 1991 年版。

[53] 同 [15]。

[54] 严富华、麦学舜、叶永英《据花粉分析试论郑州大河村遗址的地质时代和形成环境》，《地震地质》第 8 卷第 1 期（1986 年）。

[55] 曹兵武《河南辉县及附近地区环境考古研究》，《华夏考古》1994 年第 3 期。

[56] 同 [10]。

[57] 同 [7]。

[58] 唐领余、李民昌、沈才明《江苏淮北地区新石器时代人类文化与环境》，

《环境考古研究》（第一辑），科学出版社 1991 年版。

[59] 同［11］。

[60] 同［11］。

[61] 何德亮《山东史前时期自然环境的考古学观察》，《环境考古研究》（第二辑），科学出版社 2000 年版。

[62] 同［61］。

[63] 同［61］。

[64] 同［61］。

[65] 周昆叔、赵云云《西吴寺遗址孢粉分析报告》，《兖州西吴寺》，文物出版社1990 年版。

[66] 刘东生等《中国的黄土堆积》，科学出版社 1965 年版。

[67] 同［61］。

[68] 山东省文物考古研究所等《广饶县五村遗址发掘报告》，《海岱考古》（第一辑），山东大学出版社 1989 年版。

[69] 同［9］。

[70] 武仙竹《长江三峡全新世以来的生态特征》，《中国文物报》1995 年 4 月 9日。

[71] 陈淳、潘艳《三峡古文化的生态学观察》，《中国文物报》2004 年 11 月 26日。

[72] 同［70］。

[73] 周昆叔、莫多闻、袁靖、袁东山《长江三峡水库环境考古初报》，《花粉分析与环境考古》，学苑出版社 2002 年版。

[74] 严文明《稻作 陶器和都市的起源》，严文明、安田喜宪主编《稻作 陶器和都市的起源》，文物出版社 2000 年版；袁家荣《湖南道县玉蟾岩 1 万年以前的稻谷与陶器》，严文明、安田喜宪主编《稻作 陶器和都市的起源》，文物出版社 2000 年版；张弛《江西万年早期陶器和稻属植硅石遗存》，严文明、安田喜宪主编《稻作 陶器和都市的起源》，文物出版社 2000 年版。

[75] 裴安平《长江中游 7000 年以前的稻作农业和陶器》，严文明、安田喜宪主编《稻作 陶器和都市的起源》，文物出版社 2000 年版；顾海滨《湖南澧县城头山遗址出土的新石器时代水稻及其类型》，《考古》1996 年第 8 期。

[76] 严文明《稻作 陶器和都市的起源》，严文明、安田喜宪主编《稻作 陶器和都市的起源》，文物出版社 2000 年版。

[77] 朱诚、于世永、卢春成《长江三峡及江汉平原地区全新世环境考古与异常

洪涝灾害研究》,《地理学报》第 52 卷第 3 期（1997 年）。

[78] 王红星《长江中游地区新石器时代城濠聚落源起与功用之我见》,《中国社会科学院古代文明研究中心通讯》2003 年第 6 期；郭伟民《城头山城墙、壕沟的营造及其所反映的聚落变迁》（提要）,《中国社会科学院古代文明研究中心通讯》2003 年第 6 期。

[79] 王宜涛《紫荆动物群及其古环境意义》,《环境考古研究》（第一辑）,科学出版社 1991 年。

[80] 魏京武、王炜林《汉江上游地区新石器时代遗址的地理环境与人类的生存》,《环境考古研究》（第一辑）,科学出版社 1991 年版。

[81] 陕西省考古研究所编著《龙岗寺——新石器时代遗址发掘报告》,文物出版社 1990 年版；杨亚长《陕西地区新石器时代环境考古问题》,《环境考古研究》（第二辑）,科学出版社 1990 年版。

[82] 吴汝康等《南京直立人》,江苏科学技术出版社 2002 年版；汪永进、Hai cheng、陆从伦等《南京汤山洞穴碳酸盐沉积物的电离质谱系铀系年代》,《科学通报》第 44 卷第 14 期（1999 年）。

[83] 韩辉友《江苏常州圩墩遗址马家浜文化的古环境》,《环境考古研究》（第一辑）,科学出版社 1991 年版；肖家仪《江苏吴县龙南遗址孢粉组合及其环境考古意义》,《环境考古研究》（第一辑）,科学出版社 1991 年版。

[84] 韩辉友《江苏常州圩墩遗址马家浜文化的古环境》,《环境考古研究》（第一辑）,科学出版社 1991 年版；肖家仪《江苏吴县龙南遗址孢粉组合及其环境考古意义》,《环境考古研究》（第一辑）,科学出版社 1991 年版；王富葆、李民昌等《太湖流域良渚文化时期的自然环境》,徐湖平主编《东方文明之光———良渚文化发现 60 周年纪念文集》,海南国际新闻出版中心 1996 年版；吴建民《江苏新石器时代遗址分布与环境演变》,《环境考古研究》（第二辑）,科学出版社 2000 年版；宋建《环太湖地区夏商遗址环境研究》,《环境考古研究》（第二辑）,科学出版社 2000 年版；陈中原、洪雪晴、李山、王露、史小明《太湖流域环境考古》,《地理学报》第 52 卷第 2 期（1997 年）；Stanley, D. J., Chen, Z., and Song, J., Inundation, Sea—level Rise and Transition from Neolithec to Bromze Age Cultures, Yangtze Delta, China, Geoarcheology, 14（1）；朱诚、宋建《上海马桥遗址文化断层成因研究》,《科学通报》第 41 卷第 2 期（1996 年）；朱诚、郑朝贵、马春梅、杨晓轩、高锡珍、王海明、邵九华《对长江三角洲和宁绍平原一万年来高海面问题的新认识》,《科学通报》第 48 卷第 1 期（2003 年）。

［85］朱诚、郑朝贵、马春梅、杨晓轩、高锡珍、王海明、邵九华《对长江三角洲和宁绍平原一万年来高海面问题的新认识》,《科学通报》第 48 卷第 1 期（2003 年）。

［86］同［85］。

［87］宋建《环太湖地区夏商遗址环境研究》,《环境考古研究》（第二辑）,科学出版社 2000 年版。

［88］同［87］；朱诚、宋建《上海马桥遗址文化断层成因研究》,《科学通报》第 41 卷第 2 期（1996 年）。

［89］同［18］。

［90］同［18］。

［91］孙湘君、杜乃秋、陈明洪《"河姆渡"先人生活时期的古植被、古气候》,《植物学报》第 23 卷第 2 期（1981 年）。魏丰、吴维棠、张明华、韩德芬《浙江余姚河姆渡新石器时代遗址动物群》,海洋出版社 1989 年版。

［92］韩辉友《江苏常州圩墩遗址马家浜文化的古环境》,《环境考古研究》（第一辑）,科学出版社 1991 年版。

［93］肖家仪《江苏吴县龙南遗址孢粉组合及其环境考古意义》,《环境考古研究》（第一辑）,科学出版社 1991 年版。

［94］肖家仪《江苏张家港东山村遗址古稻作与古环境》,《环境考古研究》（第二辑）,科学出版社 2000 年版。

［95］同［94］。

［96］黄象洪《常州圩墩新石器时代遗址的地层、遗骸与古环境》,《环境考古研究》（第一辑）,科学出版社 1991 年版。

［97］谈三平《宁镇地区台形遗址的聚落分布与古地理环境》,《环境考古研究》（第一辑）,科学出版社 1991 年版。

［98］朱诚、张芸、吴建民、宋建《长江流域长尺度特大洪水环境考古与宏观治理研究》,《中华水土保持学报》第 31 卷第 3 期（2000 年）。

［99］朱诚、宋建《上海马桥遗址文化断层成因研究》,《科学通报》第 41 卷第 2 期（1996 年）。

［100］王富葆、李民昌等《太湖流域良渚文化时期的自然环境》,徐湖平主编《东方文明之光——良渚文化发现 60 周年纪念文集》,海南国际新闻出版中心 1996 年版。

［101］赵辉《中国文明起源研究中的一个基本问题》,严文明、安田喜宪主编《稻作 陶器和都市的起源》,文物出版社 2000 年版。

［102］ 英德市博物馆、中山大学人类学系、广东省博物馆编《中石器文化及有关问题研究讨论会文集》，广东人民出版社 1999 年版。

［103］ 中国社会科学院考古研究所、广西壮族自治区文物工作队、桂林甑皮岩遗址博物馆、桂林市文物工作队《桂林甑皮岩》，文物出版社 2003 年版。

［104］ 张镇洪、邱立诚《人类历史的转折点——论中国中石器时代》，广西人民出版社 1997 年版。

［105］ 商志䁐《香港考古论集》，文物出版社 2000 年版。

［106］ 同［103］。

［107］ 同［105］。

［108］ 蔡保全《从贝丘遗址看福建沿海先民的居住环境与资源开发》，《厦门大学学报》（哲学社会科学版）1998 年第 3 期。

［109］ 杨虎《辽西地区新石器——铜石并用时代考古文化序列与分期》，《文物》1994 年第 5 期。

［110］ 孔昭宸、杜乃秋、刘观民、杨虎《内蒙古自治区赤峰市距今 8000—2400 年间环境考古学的初步研究》，《环境考古研究》（第一辑），科学出版社 1991 年版。

［111］ 同［110］。

［112］ 同［109］；夏正楷、邓辉、武弘麟《内蒙西拉木伦河流域考古文化演变的地貌背景分析》，《地理学报》第 55 卷第 3 期（2000 年）；邓辉《燕山地区两种对立青铜文化的自然环境透视》，《北京大学学报》（哲学社会科学版）1997 年第 2 期。

［113］ 同［112］。

［114］ 夏正楷、邓辉、武弘麟《内蒙西拉木伦河流域考古文化演变的地貌背景分析》，《地理学报》第 55 卷第 3 期（2000 年）。

［115］ 同［114］。

［116］ 叶启晓《黑龙江地区史前人类迁徙及其环境演变研究》，《环境考古研究》（第二辑），科学出版社 2000 年版。

［117］ 叶启晓、魏正一、李取生《黑龙江省泰县东翁根山新石器地点的古环境初步研究》，《环境考古研究》（第一辑），科学出版社 1991 年版。

［118］ 王青《辽东半岛的獐与古环境变迁》，《考古与文物》1999 年第 5 期。

［119］ 周昆叔、陈硕民、陈承惠、叶永英、梁秀龙《中国北方全新统花粉分析与古环境》，周昆叔《花粉分析与环境考古》，学苑出版社 2002 年版。

［120］ 田广金《岱海地区考古学文化与生态环境之关系》，《环境考古研究》（第

二辑），科学出版社 2000 年版；内蒙古文物考古研究所《岱海考古》（一），科学出版社 2000 年版。

[121] 田广金《岱海地区考古学文化与生态环境之关系》，《环境考古研究》（第二辑），科学出版社 2000 年版。

[122] 黄蕴平《石虎山 I 遗址动物骨骸鉴定与研究》，《岱海考古》（二），科学出版社 2001 年版。

[123] 冯敏、王苏民《内蒙古岱海全新世以来的变迁》，《中国西部第四纪冰川与环境》，科学出版社 1991 年版。

[124] 同［121］。

[125] 袁宝印《萨拉乌苏组沉积环境及地层划分问题》，《地质科学》1978 年第 2 期。

[126] 董光荣等《晚更新世萨拉乌苏组时代的新认识》，《中国沙漠形成演化气候变化与沙漠化研究》，海洋出版社 2002 年版。

[127] 同［52］。

[128] 同［52］。

[129] 周昆叔、胡继兰《水洞沟遗址的环境与地层》，《人类学报》第 7 卷第 3 期（1988 年）。

[130] 同［129］；周昆叔、黎兴国、邵亚军《内蒙古萨拉乌苏河流域冰缘划分及意义》，《史前地震与第四纪地质文集》，陕西科学技术出版社 1982 年版。

[131] 李非、李水城、水涛《葫芦河流域的古文化与环境》，《考古》1993 年第 9 期。

[132] 同［131］。

[133] 赵邠《甘肃省天水市两个新石器时代遗址的孢粉分析》，《环境考古研究》（第一辑），科学出版社 1991 年版。

[134] 莫多闻、李非、李水城、孔昭宸《甘肃葫芦河流域中全新世环境演化及其对人类活动的影响》，《地理学报》第 51 卷第 1 期（1996 年）。

[135] 同［131］。

[136] 同［133］。

[137] 尹泽生、杨逸畴、王守春《西北干旱地区全新世人地关系的空间表现与时序特征》，尹泽生等主编《西北干旱地区全新世环境变迁与人类文明兴衰》，地质出版社 1992 年版。

[138] 王守春《河西走廊及邻近地区历史时期人文变化与环境变化序列》，尹泽生等主编《西北干旱地区全新世环境变迁与人类文明兴衰》，地质出版社

1992 年版。

[139] 李水城《四坝文化研究》,《考古学文化论集》（第三集）,文物出版社
1993 年版。

[140] 李璠《甘肃省民乐县东灰山新石器遗址古农业遗存新发现》,《农业考古》
1989 年第 1 期。

[141] 王一曼《东灰山遗址的环境意义与河西走廊史前文化兴衰》,尹泽生等主
编《西北干旱地区全新世环境变迁与人类文化兴衰》,地质出版社 1992 年
版；黄赐璇《东灰山文化遗址的孢粉分析》,尹泽生等主编《西北干旱地
区全新世环境变迁与人类文化兴衰》,地质出版社 1992 年版。

[142] 尹泽生《甘青交界地区自然环境结构与人类生存条件》,尹泽生等主编
《西北干旱地区全新世环境变迁与人类文化兴衰》,地质出版社 1992 年版。

[143] 斯文·赫定著,王安洪、崔延虎译《罗布泊探秘》,新疆人民出版社 1997
年版。

[144] 周昆叔《从楼兰古城说西部开发》,《花粉分析与环境考古》,学苑出版社
2002 年版。

[145] 苏秉琦《华人·龙的传人·中国人——考古寻根记》,辽宁大学出版社
1994 年版。

[146] 严文明《中国史前文化的统一性与多样性》,《文物》1987 年第 3 期。

[147] 施雅风等主编《青藏高原晚新生代隆升与环境变化》,广东科技出版社
1998 年版。

[148] 安芷生等《中国中、东部全新世气候适宜期与东亚夏季风变迁》,《科学通
报》第 38 卷第 14 期（1993 年）。

[149] 周昆叔、张广如、曹兵武《中原古文化与环境》,《中国生存环境历史演变
规律研究》（一）,海洋出版社 1993 年版。

[150] 刘军社《水系·古文化·古族·古国论——渭水流域商代考古学文化遗存
分析》,《华夏考古》1996 年第 1 期。

[151] 周昆叔、张松林、张震宇等《论嵩山文化圈》,《中原文物》2005 年第 1
期。

[152] 严文明《环境考古研究的展望》,《环境考古研究》（第二辑）,科学出版
社 2000 年版。

[153] 刘东生等《黄土的物质成分和结构》,科学出版社 1966 年版。

[154] 文启忠等《中国黄土地球化学》,科学出版社 1989 年版。

[155] 同 [149]。

［156］同［149］；周昆叔《黄土高原华夏之根》，《中原文物》2001 年第 3 期。

［157］刘壮已《中国古代的石磨》，《农业考古》1991 年第 1 期。

［158］袁宝印等《百色旧石器遗址的若干地貌演化问题》，《人类学学报》第 18 卷第 3 期（1999 年）。

［159］同［36］。

［160］内蒙古文物考古研究所《岱海考古》（一），科学出版社 2000 年版。

［161］刘东生《黄土石器工业》，徐钦琦等主编《史前考古学新进展——庆贺贾兰坡院士九十华诞国际学术讨论文集》，科学出版社 1999 年版。

［162］郑本兴《丝绸之路的兴衰与冰川变化、环境变迁的关系》，《环境考古研究》（第二辑），科学出版社 2000 年版。

［163］同［162］。

［164］同［15］；同［44］；同［151］。

［165］周昆叔《对北京市附近两个埋藏泥炭沼的调查及其孢粉分析》，《中国第四纪研究》第 4 卷第 1 期（1965 年）。

［166］同［15］；同［110］；孔昭宸、刘长江、张居中《河南舞阳贾湖遗址八千年前水稻遗址的发现及其在环境考古学上的意义》，《考古》1996 年第 12 期；孔昭宸、刘长江、张居中《渑池班村新石器遗址植物遗存及其在人类环境学上的意义》，《人类学学报》第 18 卷第 4 期（1999 年）。

［167］同［131］。

［168］王永吉、吕厚远《植物硅酸体研究及应用》，海洋出版社 1992 年版；张文绪《水稻的双峰乳突、古稻特征和栽培水稻的起源》，严文明、安田喜宪主编《稻作 陶器和都市的起源》，文物出版社 2000 年版；顾海滨《水稻硅酸体的研究及应用》，《环境考古研究》（第二辑），科学出版社 2000 年版。

［169］袁靖《关于中国大陆沿海地区贝丘遗址研究的几个问题》，《考古》1995 年第 12 期；袁靖《略论中国古代家畜的起源问题》，《光明日报》2000 年 3 月 17 日；袁靖《论中国新石器时代居民获取肉食资源的方式》，《考古学报》1999 年第 1 期。

［170］同［96］。

［171］同［79］。

［172］同［70］。

［173］同［118］。

［174］刘椿《磁性测量在环境考古研究中的应用》，《环境考古研究》（第一辑），

科学出版社 1991 年版。

［175］阎桂林《考古磁学》,《考古》1997 年第 1 期。

［176］同［10］;同［48］。

［177］同［15］。

［178］靳桂云《土壤微形态分析及其在考古学中的应用》,《地球科学进展》第 14 卷第 2 期（1999 年）。

［179］张雪莲、王金霞、冼自强、仇士华《古人类食物结构》,《考古》2003 年第 2 期。

四　中国环境考古大事记（一九八
七—二〇〇〇年）

1987 年

1 月 9 日侯仁之教授委派周昆叔先生带领于希贤副教授、武弘麟讲师踏勘平谷县上宅新石器文化遗址。2 月 14 日在北京市文物事业管理局副局长朱长龄同志主持下讨论上宅遗址研究工作，周昆叔先生做了上宅遗址踏勘汇报，建议展开"环境考古"，当即得到侯仁之先生首肯，并在侯仁之教授倡议下成立以侯仁之院士为主任、周昆叔先生为副主任的"北京城市古迹保护委员会环境考古分委员会"，此后在侯仁之院士主持下，在北京市文物事业管理局领导下，在中国科学院地质研究所、北京大学、北京市文物研究所和平谷文物管理所合作下开展了上宅遗址与平谷盆地的环境考古。

1988 年

上宅遗址、平谷盆地环境考古研究扩展到北京地区。先后参加考察的有侯仁之、周昆叔、徐海鹏、莫多闻、武弘麟、郁金城、赵福生、袁进京、王武钰、杨学林、徐子望等同志。1988 年 5 月 28—29 日由北京市文物事业管理局在平谷县召开了"上宅遗址综合研究会"，有侯仁之、王乃樑、俞伟超等先生参加，周昆叔先生在会上做了"北京市平谷环境考古调查"的报告。

1989 年

周昆叔、原思训、陈铁梅先生等考查河北徐水南庄头新石器早期遗址，继后周昆叔先生、曹兵武同志等调查白洋淀全新世湖泊涨缩与遗址分布关系，进行太行山麓与白洋淀地区先商文化差异，燕赵、辽宋国界在此设置等问题环境原因的研究。

同年冬，周昆叔先生与刘本安、顾海滨同志考察关中古环境与古文化关系，考察途中周昆叔先生与陪同考察的陕西省考古研究所所长巩启明先生商讨召开一次全国环境考古学术会议事宜，商讨达成共识，随后展开筹备。

《第四纪研究》创刊号上刊出周昆叔先生写的《北京环境考古》论文。

1990 年

春天，周昆叔先生应邀向国家文物局和中国历史博物馆领导做黄河中游环境考古可行性调查结果汇报。后来在中国历史博物馆资助和多个单位的合作下，由周昆叔先生领队开展以关中盆地为主的环境考古调查，参加调查的有张广如、祝一志、李雪松、魏京武、杨亚长等同志。

同年夏，刘东生院士亲往徐水和白洋淀检查指导周昆叔先生等在此开展的环境考古工作。

同年 10 月 21—24 日，在西安临潼举办由中国考古学会、中国第四纪研究委员会、中国古生物学会、中国历史博物馆、中国科学院地质研究所、中国科学院黄土与第四纪地质研究室、陕西省考古研究所共同发起下，并由陕西省考古研究所承办首届"中国环境考古学术讨论会"，与会者约有六十人。著名考古学家石兴邦先生、陕西省文物局副局长张廷皓同志、中国科学院陕西分院院长吴守贤教授等与会。苏秉琦、侯仁之、刘东生、贾兰坡先生为会议题词。

1991 年

5 月，应俞伟超教授之邀，周昆叔先生领队，裴安平、曹兵武、张广如、李占扬同志参加，做小浪底水库淹没区考古遗址多学科综合研究选点调查。

同年 7 月，科学出版社出版由周昆叔、巩启明主编的《环境考古研究》第一辑。

同年 9 月由裴安平同志带队在初选的渑池县班村遗址试掘。

10 月在三门峡市，俞伟超教授主持班村多学科综合研究规划会议。

1992 年

4 月、5 月间周昆叔、张居中、祝一志一行对豫南、豫西、豫北和晋南做环境考古调查。

同年秋，俞伟超、信立祥先生领队展开班村多学科综合考古。

12 月周昆叔先生邀请王伏雄院士（中国植物学会会长）、俞伟超教授、严文明教授和张忠培教授等出席北京中国科学院地质研究所举行的环境考古座谈会。

在宋豫秦博士领队下展开驻马店杨庄遗址多学科发掘与研究。

1993 年

上半年，在河南省文物局和河南省文物考古研究所积极支持下，周昆叔先生商请洛阳市文物工作队承办"中国第二届环境考古学术讨论会"，得到该队叶万松队长、朱亮、王支援副队长和同志们的积极响应，并商定由周昆叔先生担任洛阳市文物工作队主持发掘的皂角树遗址环境考古顾问，在方孝廉、赵春青、谢虎军等同志陪同和帮助下工作。

同年 10 月，周昆叔先生协助洛阳市文物工作队召开皂角树遗址考古发掘现场会，刘东生院士、俞伟超教授、严文明教授、周昆叔教授、商志馣教授、蒋若是教授等应邀与会，并赴工地检查指导，会议肯定了地质地层与文化层关系研究、古水系与古文化关系调查和配合建设开展考古发掘的做法。

11 月，中国第四纪研究委员会在广州召开第六届中国第四纪研究学术会议期间，刘东生院士征询周昆叔先生在中国第四纪研究会下设环境考古分委员会的意见。这是推进我国环境考古采取的重要举措。

在宋建博士领队下开始展开上海马桥遗址多学科系统发掘与研究。

在张敏研究员领队下开始展开高邮龙虬庄遗址多学科系统发掘与研究。

1994 年

元月举行迎新春座谈会。

中国第四纪研究委员会决定筹组中国第四纪研究委员会环境考古专业委员会的报告得到中国科学院、中国科学技术协会和民政部的批准，随后成立了周昆叔任主任，袁宝印、徐钦琦、史培军任副主任，袁靖任秘书长和若干委员组成的第一届中国第四纪研究委员会环境考古专业委员会。

5 月，应国家三峡文物考古规划组组长俞伟超教授之邀，周昆叔先生领队，莫多闻、袁靖和袁东山同志参加的考察队进行了三峡环境考古踏勘。

9 月 24—28 日，在洛阳市举办由中国第四纪科学研究会环境考古专业委员会、中国科学院地质研究所、中国历史博物馆、河南省文物考古研究所、洛阳市文物工作队共同发起，并由洛阳市文物工作队承办的"中国第二届环境考古学术讨论会"。美国著名地质考古、环境考古学家 G. Rapp 教授和几位日本专家应邀与会。通过对青年环境考古学者的论文评选，会上表彰了水涛、杨志荣、顾海滨、燕生东等同志。

在袁靖博士带领下中国社会科学院考古研究所开始展开胶东半岛贝丘遗址环境考古调查。

1995 年

元月举行迎新春座谈会。

周昆叔先生接受长江水利委员会综合勘测局邀请做"南水北调中线工程文物、遗址、古墓的分布及对引水工程影响的调查与研究"，并在周昆叔先生领队，尚彦军同志参加下展开该项调查。

继续展开渑池县班村和洛阳皂角树环境考古研究。

1996 年

元月举行迎新春座谈会。

周昆叔先生协助洛阳市文物工作队邀请袁靖博士、吕厚远博士、陈焕伟先生、刘长江先生和严富华先生展开皂角树遗址有关项目室内分析研究。

继续展开班村遗址发掘。

4 月，周昆叔先生等向长江水利委员会综合勘测局提交了《南水北调中线工程文物、遗址、古墓的分布及对引水工程影响的调查与研究》报告。

周昆叔先生邀请陈星灿博士等青年考古学家在中国科学院地质研究所举行环境考古座谈会。

1997 年

元月举行迎新春座谈会。

由洛阳市文物工作队叶万松队长主持，方孝廉先生和谢虎军同志等参加下，周昆叔先生作为主编之一展开皂角树遗址发掘报告编写工作，并完成初稿。

1998 年

元月举行迎新春座谈会。

以宋豫秦博士主笔，并在莫多闻、姜钦华、李亚东、雷兴山、韩建业等同志参与下，由北京大学考古学系、驻马店文物保护管理所编著出版《驻马店杨庄》考古发掘报告，这是中国将人类生存古环境与遗迹、遗物一同研究的首本考古学发掘报告。为此，中国第四纪研究委员会环境考古专业委员会召开了专门庆贺出版座谈会，北京大学考古系赵朝洪教授等与会者肯定了这一重要研究成果和环境考古方向。该书获好评，并获得夏鼐考古学研究成果奖。

中国第四纪研究委员会全新世、海岸线、环境考古专业委员会联合在南京举行"环境与人类"为主题的学术讨论会。会议期间成立了周昆叔任主任，莫多闻（常务）、袁靖、宋豫秦（兼秘书长）任副主任和若干委员组成的第二届中国第四纪研究委员会环境考古专业委员会。

1999 年

元月举行迎新春座谈会。

该年是我国环境考古丰收的一年。由袁靖博士主笔，并在齐乌云等同志参加下，由中国社会科学院考古研究所出版《胶东半岛贝丘遗址环境考古》，这是我国首本区域环境考古专著。此外，还相继出版了两本含环境考古内容的考古学发掘报告。张居中教授主笔，在有关部门与人员参与下，由河南省文物考古研究所编写了《舞阳贾湖》。张敏研究员主笔，并在李民昌，朱诚等同志参与下，由龙虬庄考古队编写了《龙虬庄》。周昆叔先生著《铸鼎原觅古》出版。

2000 年

元月举行"迎新世纪，携手发展环境考古"迎新春座谈会。

周昆叔、宋豫秦主编，科学出版社出版《环境考古研究》第二辑。

参考文献

考古报告、论著及文集：

1. 李济《西阴村史前的遗存》，清华学校研究院丛书第三种，1927 年版。

2. 贾兰坡、黄慰文《周口店发掘记》，天津科学技术出版社 1984 年版。

3. 第一次全国^{14}C 学术会议文集编辑小组《第一次全国^{14}C学术会议文集》，科学出版社 1984 年版。

4. 刘东生等《黄土与环境》，科学出版社 1985 年版。

5. 吴汝康等《北京猿人遗址综合研究》，科学出版社 1985 年版。

6. 魏丰、吴维棠、张明华、韩德芬《浙江余姚河姆渡新石器时代遗址动物群》，海洋出版社 1989 年版。

7. 周昆叔、巩启明主编《环境考古研究》（第一辑），科学出版社 1991 年版。

8. 孙建中、赵景波等《黄土高原第四纪》，科学出版社 1991 年版。

9. 尹泽生等主编《西北干旱地区全新世环境变迁与人类文明兴衰》，地质出版社 1992 年版。

10. 王永吉、吕厚远《植物硅酸体研究及应用》，海洋出版社 1992 年版。

11. 苏秉琦《华人·龙的传人·中国人——考古寻根记》，辽宁大学出版社 1994 年版。

12. 陈星灿《中国史前考古学研究》，三联书店 1997 年版。

13. 北京大学考古系、驻马店市文物保护管理所《驻马店杨庄》，科学出版社 1998 年版。

14. 中国社会科学院考古研究所《胶东半岛贝丘遗址环境考古》，社会科学文献出版社 1999 年版。

15. 河南省文物考古研究所《舞阳贾湖》，科学出版社 1999 年版。

16. 龙虬庄遗址考古队《龙虬庄》，科学出版社 1999 年版。

17. 夏商周断代工程专家组《夏商周断代工程 1996—2000 年阶段成果报告》（简本），世界图书出版公司 2000 年版。

18. 周昆叔、宋豫秦主编《环境考古研究》（第二辑），科学出版社 2000 年版。

19. 周昆叔《花粉分析与环境考古》，学苑出版社 2002 年版。

20. 上海市文物管理委员会《马桥——1993—1997 年发掘报告》，上海书画出版社 2002 年版。

21. 洛阳市文物工作队《洛阳皂角树》，科学出版社 2002 年版。

22. 中国社会科学院考古研究所、广西壮族自治区文物工作队、桂林甑皮岩遗址博物馆、桂林市文物工作队《桂林甑皮岩》，文物出版社 2003 年版。

论文：

23. 李仲揆《风水之另一种解释》，《太平洋》第 4 卷第 1

期（1923 年）。

24. 侯德封、孙健初《黄河上游之地质与人生》，《地理学报》第 1 卷第 2 期（1934 年）。

25. 袁复礼《新疆之哈萨克民族》，《禹贡》第 7 期（1937年）。

26. 胡厚宣《气候变迁与殷代气候之检讨》，《中国文化研究会刊》第 4 卷上册（1944 年）。

27. 梁思永《后岗发掘小记》，《梁思永考古论文集》，科学出版社 1959 年版。

28. 裴文中《中国原始人类的生活环境》，《古脊椎动物与古人类》第 2 卷第 1 期（1960 年）。

29. 刘东生、张宗枯《中国的黄土》，《地质学》第 42 卷第 2 期（1962 年）。

30. 周昆叔《西安半坡新石器时代遗址的孢粉分析》，《考古》1963 年第 9 期。

31. 周昆叔《对北京市附近两个埋藏泥炭沼的调查及其孢粉分析》，《中国第四纪研究》第 4 卷第 1 期（1965 年）。

32. 刘金陵、李文漪、孙孟蓉、刘牧灵《燕山南麓泥炭的孢粉组合》，《中国第四纪研究》第 4 卷第 1 期（1965 年）。

33. 竺可桢《中国近五千年来气候变迁的初步研究》，《中国科学》第 2 卷第 4 期（1973 年）。

34. 孙湘君、杜乃秋、陈明洪《"河姆渡"先人生活时期的古植被、古气候》，《植物学报》第 23 卷第 2 期（1981 年）。

35. 孔昭宸、杜乃秋《内蒙古自治区几个考古地点的孢粉分析在古植被和古气候上的意义》，《植物生态学与地植物学丛刊》第 5 卷第 3 期（1981 年）。

36. 周昆叔《华北区第四纪植被演替与气候变化》，《地质科学》1984 年第 2 期。

37. 周昆叔《距今两万至三万年间中国北方河谷、平原区云杉、冷杉植被分布的意义》,《第四纪孢粉分析与古环境》,科学出版社 1984 年版。

38. 王开发、张玉兰、蒋辉《江苏唯亭草鞋山遗址孢粉组合及其古地理》,《第四纪孢粉分析与古环境》,科学出版社1984 年版。

39. 刘东生、黎兴国《猛犸象在中国生存的时间及其分布上的意义》,《第一次全国 ^{14} C 学术会议文集》,科学出版社1984 年版。

40. 夏鼐《新中国的考古发现和研究·前言》,《新中国的考古发现和研究》,文物出版社 1984 年版。

41. 严富华、麦学舜、叶永英《据花粉分析试论郑州大河村遗址的地质时代和形成环境》,《地震地质》第 8 卷第 1 期（1986 年）。

42. 贾兰坡《中国旧石器时代考古》,《中国大百科全书·考古学》,中国大百科全书出版社 1986 年版。

43. 安志敏《中国新石器时代考古》,《中国大百科全书·考古学》,中国大百科全书出版社 1986 年版。

44. 郑振香《殷墟》,《中国大百科全书·考古学》,中国大百科全书出版社 1986 年版。

45. 裴文中《甘肃史前考古报告》,《裴文中史前考古学论文集》,文物出版社 1987 年版。

46. 严文明《中国史前文化的统一性与多样性》,《文物》1987 年第 3 期。

47. 周昆叔《北京环境考古》,《第四纪研究》第 1 期（创刊号）（1989 年）。

48. 李水城《四坝文化研究》,《考古学文化论集》(第三集),文物出版社 1993 年版。

49. 李非、李水城、水涛《葫芦河流域的古文化与环境》,《考古》1993 年第 9 期。

50. 周昆叔《周原黄土及其与文化层的关系》,《第四纪研究》1995 年第 2 期。

51. 莫多闻、李非、李水城、孔昭宸《甘肃葫芦河流域中全新世环境演化及其对人类活动的影响》,《地理学报》第 51 卷第 1 期(1996 年)。

52. 朱乃诚《半个世纪以来的中国史前史研究(上篇)》,《东南文化》1998 年第 3 期。

53. 朱乃诚《半个世纪以来的中国史前史研究(下篇)》,《东南文化》1998 年第 4 期。

54. 黄慰文《中国旧石器文化序列的地层学基础》,《人类学学报》第 19 卷第 4 期(2000 年)。

55. 夏正楷、邓辉、武弘麟《内蒙西拉木伦河流域考古文化演变的地貌背景分析》,《地理学报》第 55 卷第 3 期(2000年)。

56. 田广金《岱海地区考古学文化与生态环境之关系》,《环境考古研究》(第二辑),科学出版社 2000 年版。

57. 周昆叔、张松林、张震宇等《论嵩山文化圈》,《中原文物》2005 年第 1 期。

后　　记

　　20 世纪是维护民族独立和挽救民族危亡的世纪，是中国觉醒的世纪，是中国重新崛起的世纪。20 世纪，尤其是 20 世纪后半叶，中国现代科学坚定、艰难地起步，随着国家中兴，时起时伏，但终归迈向了科学的春天。环境考古就是这春天里开出的一朵新花。

　　自提笔写这部记录一个世纪以来中国环境考古的成长历史时，责任感时时压在心头。经过夜以继日地撰写，今天搁笔了，错漏之处，恭请指正。我想这本书既是对中国环境考古的一个历史回顾，也是中国环境考古一个新的开始。

　　在写作中我要感谢诸多同仁的帮助，如像孔昭宸、袁宝印、夏正楷、朱乃诚、莫多闻、袁靖、黄春长、朱诚、曹兵武、陈中原、蔡保全等先生提供他们的大作参阅。感谢黄慰文、潘裕生先生借阅书籍。感谢刘志雄先生借阅书刊和热情帮助复印文献。感谢诸多好友与我切磋。感谢朱启新、曹兵武先生的帮助。感谢朱启新先生审阅。感谢陈峰先生不厌其烦地编辑。再次感谢为我国环境考古做出贡献的每一位领导、前辈和同仁。正是您们的心血和汗水，浇成了今天这一本书。向您们致以深深的敬意！

图书在版编目（CIP）数据

环境考古/周昆叔著. --北京：文物出版社，2007.3
（2020.11重印）
（20世纪中国文物考古发现与研究丛书）
ISBN 978-7-5010-2107-9

Ⅰ.环… Ⅱ.周… Ⅲ.环境地学-中国 Ⅳ.K87

中国版本图书馆CIP数据核字（2007）第004710号

20世纪中国文物考古发现与研究丛书

环境考古

著　者　周昆叔

封面设计　张希广
责任印制　苏　林
责任编辑　陈　峰
出版发行　文物出版社
社　　址　北京市东直门内北小街2号楼
网　　址　http：//www.wenwu.com
邮　　箱　web@wenwu.com
印　　刷　文物出版社印刷厂有限公司
开　　本　850mm×1168mm　1/32
印　　张　7.375
版　　次　2007年3月第1版
印　　次　2020年11月第2次印刷
书　　号　ISBN 978-7-5010-2107-9
定　　价　40.00元